Volkmar Stangier

Rhetorik im Führungsalltag

In Vorträgen, Gesprächen und Diskussionen überzeugen

Die Deutsche Bibliothek – CIP-Einheitsaufnahme

Stangier, Volkmar:
Rhetorik im Führungsalltag : in Vorträgen, Gesprächen und
Diskussionen überzeugen / Volkmar Stangier. –
Wiesbaden : Gabler, 1997
ISBN 3-409-18853-3

Alle Rechte vorbehalten
© Betriebswirtschaftlicher Verlag Dr. Th. Gabler GmbH, Wiesbaden 1997
Lektorat: Ulrike M. Vetter

Der Gabler Verlag ist ein Unternehmen der Bertelsmann Fachinformation GmbH.

Höchste inhaltliche und technische Qualität unserer Produkte ist unser Ziel. Bei der
Produktion und Verbreitung unserer Bücher wollen wir die Umwelt schonen: Dieses
Buch ist auf säurefreiem und chlorfrei gebleichtem Papier gedruckt. Die
Einschweißfolie besteht aus Polyäthylen und damit aus organischen Grundstoffen, die
weder bei der Herstellung noch bei der Verbrennung Schadstoffe freisetzen.

Umschlaggestaltung: Schrimpf und Partner, Wiesbaden
Druck und Buchbindung: Wilhelm & Adam, Heusenstamm
Printed in Germany

ISBN 3-409-18853-3

Vorwort

Rhetorik beeinflußt den persönlichen Erfolg wesentlich. Dies ist mir in meiner zwölfjährigen Tätigkeit als Unternehmensberater für Personalentwicklung und als Trainer für Kommunikation deutlich geworden. Die Fähigkeit, Sprache gezielt einzusetzen, erhöht die Überzeugungskraft, verbessert die eigene Akzeptanz und verstärkt den Einfluß auf das Umfeld.

Sprache ist Meinungsäußerung, Information, Beeinflussung, Manipulation, Macht. Sprache ist Selbstdarstellung. Um gekonnt mit ihr umzugehen, fordert sie ein ausgeprägtes Bewußtsein für das eigene verbale Verhalten.

Für Führungskräfte, Manager, Politiker, Pädagogen und alle anderen Personen, die die Aufgabe haben, gezielt Einfluß auf andere Menschen zu nehmen, bedeutet dies, gekonnt, sensibel und strukturiert mit der Sprache umzugehen. Die großen Veränderungsprozesse, die zur Zeit in der Industrie stattfinden, verlangen auch ein verändertes verbales Verhalten. Allein der Trend nach mehr Teamwork und Gruppengeist fordert, neben der zielorientierten Argumentation, mehr Sensibilität in der Wahl der Worte. Ein kontrolliertes rhetorisches Auftreten ist daher notwendig.

Täglich erleben wir, daß die Sprache der Schlüssel zu vielen Erfolgen ist. Sicheres Auftreten, Ehrlichkeit, hinhören können, verstehen und Kompetenzen in der Argumentation sind Eigenschaften, die überzeugen und gezielte Handlungen und Reaktionen auslösen.

Schon geringfügige Veränderungen des Satzbaus oder der Austausch eines einzigen Wortes können Nachrichten verändern und völlig andere Emotionen und Stimmungen beim Adressaten auslösen.

Das Buch bietet das handwerkliche Rüstzeug für überzeugende Rhetorik im Führungsalltag. Es vermittelt methodische Grundsätze für Fachvorträge, um fachspezifisches Wissen konzeptionell und strukturiert zu präsentieren.

Weiterhin finden Sie wichtige Hinweise und Anleitungen für unterschiedlich ausgerichtete Gespräche im beruflichen Bereich, zum Beispiel zur Dialektik, zu Verhandlungstechniken, verschiedenen Mitarbeitergesprächen, Besprechungen, zu Konferenzen, Telefonmarketing, Diskussionen, Gesprächen mit Vorgesetzten.

Dieses Buch macht Sie mit der Kunst der Rhetorik vertraut. Viele praxisorientierte Techniken geben Ihnen die Möglichkeit, jeweils bestimmte Aspekte schnell und gezielt für die unterschiedlichsten Situationen herauszusuchen und zu nutzen. Es soll helfen, die Kommunikation zwischen Führungskräften und Mitarbeitern zu verstärken und Sie erfolgreich zu machen.

Bedanken möchte ich mich bei Eva Bechtold, die mit ihrem Rat die Qualität des Buches beeinflußte; bei Marianne Bär, die als guter Geist für einen reibungslosen Ablauf der Arbeiten sorgte; bei Dieter Kober und Jürgen Blodt, die die Grafiken zu einem attraktiven Anschauungsmaterial entwikkelt haben. Großer Dank gilt auch meiner Lektorin Ulrike M. Vetter, die mit ihrer fachlichen Kompetenz das Gelingen des Buches beeinflußte, und meiner Frau Brigitte, die in allen Situationen großes Verständnis zeigte und meine Arbeit liebevoll und tatkräftig unterstützt hat.

Lampertheim, im Oktober 1997   Volkmar Stangier

Inhalt

Teil I:

Was Sprache bewirkt

1. Sprache offenbart unser Seelenleben

Über die Sprache senden wir Botschaften unseres Denkens,
Fühlens, Wollens.

Sprache ist ein geistig aktives Handeln, über das der Mensch seine Persönlichkeit und die von ihm gelebten Werte, Meinungen und Anschauungen erkennbar macht. Sprechen ist ein vielschichtiges Verhalten. Verbale Aktivitäten sind Ausdruck des Denkens, Fühlens und Wollens. Sprache ist nicht nur die Fähigkeit des Menschen, Informationen zu vermitteln, sondern mit der Aussage bestimmter Botschaften werden auch Gefühle und Emotionen nach außen transportiert. Die Stimme verrät dem sensiblen Zuhörer, in welcher momentanen seelischen Verfassung sich der Sender befindet.

Sprache ist wesentlich mehr als nur die Fähigkeit, mit anderen Kommunikation zu betreiben. Jede Nachricht, die von einzelnen Personen vermittelt wird, enthält versteckte Botschaften.

Ohne uns dessen bewußt zu sein, reagieren wir unterschiedlich auf das verbale Verhalten anderer Menschen. Unser Unterbewußtsein nimmt über das Gehör Schwingungen wahr, die das eigene psychische Erleben positiv oder negativ beeinflussen. Es ist wichtig, daß wir uns dieser Gesetzmäßigkeit bewußt werden. Die eigene geistig-seelische Einstellung zu bestimmten Lebensfragen wird nicht nur über die Wahl der Worte, sondern auch über die Schwingungen der Stimme wahrgenommen. Es gibt ein Denken-Sprechen und ein Sprechen-Denken. Gleichgültig, wo wir ansetzen: Wir können jedes Wort als eine geistige Kraft betrachten, die im Adressaten bestimmte Reaktionen auslöst.

Sprache veranlaßt auch zum Handeln. Mit der Wahl der Worte haben wir die Möglichkeit, verbale Mitteilungen strategisch einzusetzen, um gezielt Reaktionen auszulösen. Erfolge in Vorträgen, Präsentationen, in Verhandlungen und in vielen gesellschaftspolitischen Situationen setzen voraus, daß wir das eigene Denken und Sprechen kontrollieren.

◆ Sprache ist Ausdruck des eigenen Denkens, Fühlens und Wollens.

◆ Über Ihr verbales Verhalten werden Ihre Werte und Lebensanschauungen erkennbar.

◆ Je nach Wahl Ihrer Worte lösen Sie Trost, Freude oder Leid aus.

◆ Über Veränderungen in Ihrem Sprachverhalten haben Sie die Möglichkeit noch erfolgreicher mit anderen Menschen umzugehen.

2. Kommunikation ist die Basis der Information

Sprache ist Denken, Beeinflussung, Gestaltung, Autorität.

Kommunikation ist der Überbegriff für alle Formen des Informationsaustausches. Menschen, die ein Buch lesen, eine Fernsehsendung betrachten oder eine Waschanleitung in einem Kleidungsstück lesen, praktizieren ein Stück Kommunikation. Das gesprochene Wort ist ein Segment der Kommunikation. Rhetorik ist wirkungsvolle Gestaltung der lebendigen Sprache. Sie erfaßt die Fähigkeit, Worte gezielt, attraktiv, kunstvoll und überzeugend einzusetzen.

Wenn wir von Sprache reden, ist somit immer der verbale Gedankenaustausch zwischen wenigstens zwei, häufig aber mehreren bis vielen Personen gemeint. Dieser Grundsatz trifft auch zu, wenn zwei Personen über das Medium Telefon miteinander sprechen. Die Kommunikation hat in den letzten 50 Jahren weltweit zugenommen und an Bedeutung gewonnen. Diesen gesteigerten Informationsfluß verdanken wir den Medien Fernsehen, Rundfunk, Presse, dem Telefon, dem Film und anderen Informationsspeichermöglichkeiten. Was wir uns im allgemeinen jedoch nicht bewußt machen, ist, daß dieser Informationsfluß erst über die lebendige Sprache möglich ist. Durch den Einfluß der Medien hat die Informationsflut zugenommen, aber die Qualität der Sprache abgenommen. Das Sprachverhalten und seine inhaltlichen Botschaften lassen oft die nötige Verantwortung vermissen.

■ Verantwortung im Umgang mit der Sprache ist auch Verantwortung gegenüber anderen Menschen.

Die innere Freiheit des Menschen wächst, wenn er bereit ist, ehrlich, offen und selbstverantwortlich zu kommunizieren. Frei sein im sprachlichen Verhalten zeigt sich, wenn er über Konflikte, Mißerfolge, Leid und sonstige schwierige Situationen genau so offen redet wie über schöne und attraktive Lebensereignisse.

Bei der Begegnung mit fremden Menschen stellen Sie sich bitte folgende Fragen:

♦ Bin ich freundlich, höflich, hilfsbereit?

♦ Zeige ich Kommunikationsbereitschaft?

♦ Bin ich eher zurückweisend bis abweisend?

♦ Bin ich ehrlich und offen?

♦ Kann ich die Meinung anderer Menschen akzeptieren?

♦ Wie verhalte ich mich sprachlich gegenüber anderen?

Die Sprache des Menschen wird von seinem Seelenleben beeinflußt. Bei Kindern, die noch nicht gelernt haben zu selektieren, zu unterdrücken oder willentlich zu übertreiben, ist dies besonders stark ausgeprägt.

Auch dann, wenn wir den Erwachsenen unterstellen, Sprache mehr bewußt und differenziert zu verwenden, wird trotzdem neben der eigentlichen Aussage seelisches Erleben als Schwingung in der Stimme mittransportiert. Freude und Optimismus sind ebenso spürbar wie Ängste, Frustration oder Ablehnung.

■ **Veränderte Gefühle bedeuten veränderte Schwingungen in der Stimme.**

Beispiel:

In einem Aufzug für fünf Personen befinden sich drei Menschen. Als der Aufzug zwischen dem siebten und dem achten Stock eines Hochhauses hängenbleibt, wird ein junger Mann sofort unruhig. Er wird von einem etwa 50jährigen Herrn mit optimistischen Worten positiv beeinflußt. Die dritte Person ist sehr wortkarg. Als nach zwanzig Minuten der Fahrstuhl immer noch steckt, der junge Mann immer heftiger zu atmen beginnt und sich Schweißperlen auf der Stirn zeigen, wird auch der bis zu diesem Zeitpunkt lockere 50jährige nervös. Zwar spricht er nach wie vor optimistisch, aber seine Stimme zeigt deutlich veränderte Schwingungen. Auch sein Atem wirkt leicht gepreßt. Er hat sich von der Stimmung des jungen Mannes beeinflussen lassen. Das veränderte Seelenleben des älteren wird eindeutig über seine Sprache erkennbar.

Diese Gesetzmäßigkeit hat eine große Bedeutung im zwischenmenschlichen Bereich. Unser Empfinden wird über unsere Worte vom Empfänger aufgenommen und löst bestimmte Reaktionen aus, z. B. Gänsehaut, Ängste, Träume, Tränen, Nachdenklichkeit, aber auch Lachen, Freude, Begeisterung und Zuversicht. Wir können jedoch auch gegenteilige Emotionen auslösen. So kann z. B. eine einseitige, starke Zuneigung Ablehnung verursachen, oder von uns gelebte große Freude Neid erwecken.

Diese Tatsache muß uns veranlassen, das eigene Seelenleben nicht nur zu überprüfen, sondern es darüber hinaus positiv und optimistisch zu prägen, um so über unser verbales Verhalten uns selbst und andere lebensbejahend zu beeinflussen.

■ **Nur wer in sich selbst Gefühle der Freude und der Zuversicht bejaht, wird diese auch bei anderen Menschen auslösen.**

Sprache ist Macht. Jedes Wort wird beim Empfänger Gedanken, Gefühle und entsprechende Verhaltensweisen auslösen.

3. Sprache und Atem

Die vier Urbedürfnisse des Menschen sind Schlafen, Trinken, Essen und Atmen. Der Mensch hält es ca. drei bis fünf Tage ohne Schlaf, genau so lange ohne Trinken, dreißig bis vierzig Tage ohne Essen, aber nur etwa zwei Minuten ohne Atmen aus. Wenn Sie diese vier lebenserhaltenden Bedürfnisse betrachten, dann ist das Essen, auf das wir mit Abstand am längsten verzichten können, das Bedürfnis, mit dem wir uns am häufigsten bewußt beschäftigen. Dem Atem dagegen schenken wir, obwohl er am wichtigsten ist, im allgemeinen die geringste Aufmerksamkeit. Atem und Sprache, Atem und Psyche sowie Atem und körperliches Wohlbefinden sind untrennbar miteinander verbunden.

Der Atem hat einen wesentlich größeren Einfluß auf unser Leben, als wir uns bewußt sind. Er wird über das Atemzentrum gesteuert. Das Atemzentrum erhält alle Informationen über den Spiegel der Atemgase Sauerstoff und Kohlendioxyd, sowie über den Säurespiegel im Blut. Darüber hinaus hat das Atemzentrum Verbindungen zu sensiblen somatischen und vegetativen Nerven und zum Hirnstamm mit seinem Einfluß auf den Gesamttonus und die Wachheit; ebenso zu den anderen vegetativen Zentren im Hirnstamm, zu den übergeordneten Organkoordinaten im Hypothalamus, zum Thalamus und den anderen höheren Bereichen des Zentralnervensystems.

Nur ein minimaler Teil der Menschen ist sich der Bedeutung des Atems bewußt. Die Luft, die wir einatmen, erscheint eher immateriell als materiell. Sie enthält jedoch die Substanz allen Lebens. Der Atemvorgang ist beeinflußbar. Man unterscheidet drei Erscheinungsweisen:

♦ Das unbewußte Atmen

Gemeint ist das automatische Fließenlassen, so wie es die Gesetzmäßigkeit des Körpers entwickelt.

♦ Der willentlich gesteuerte Atem

wie z. B. bei Hata-Yoga und bei Rebirthing. Hier wird ganz bewußt in zielgerichteter Weise mit dem Atem gearbeitet, der natürliche Atemfluß wird willentlich verändert und bestimmt.

♦ Der erfahrbare Atem

Mit ihm lernt man den unbewußten Atem kennen, ohne ihn willentlich zu beeinflussen. Man spürt, wie er durch den Leib fließt und ein stärkeres Körperbewußtsein entwickelt. Den Atem so zu empfinden bedeutet, den individuellen Atemrhythmus zu erfahren.

Alle drei Möglichkeiten der Atmung haben ihre eigene Qualität. Der erfahrbare Atem, so wie er von den Middendorfschulen gelehrt wird, bietet dem Europäer den Weg an, der seiner Lebenskultur am ehesten entspricht. Dieser Weg kann als die sanfte und natürliche Arbeit mit dem Atem betrachtet werden und hat einen starken Einfluß auf Persönlichkeit und Verhalten Ihrer Person.

Der Mensch atmet in drei Phasen: Einatmen (inspiratorisch), Ausatmen (expiratorisch) und Atempause. Je nach Situation des seelischen Erlebens sind diese physiologisch-biochemischen Bedürfnisse unterschiedlich intensiv. Beim Ausruhen zeigt die Atmung eine andere Tiefe und Frequenz als beim Besteigen eines Berges. Ebenso wissen wir, daß unterschiedliche seelische und geistige Situationen den Atemrhythmus beeinflussen. Beispielsweise haben Ängste und Streß einen beschleunigenden Einfluß auf den Atem. Diese Tatsache führt zu der Überlegung, daß man umgekehrt Situationen leichter bewältigen kann, wenn man in schwierigen Lebenssituationen willentlich seinen Atem steuert. So haben wir die Möglichkeit, in hektischen Momenten und Streßsituationen eine entspannende Atmung zu entwickeln.

Beispiel:

Sie befinden sich in einer Besprechung, Sitzung oder Konferenz, in der es turbulent zugeht. Sie spüren, daß sich Ihre Atemfrequenz erhöht und eine innere Erregung auftritt. Ihr Mund wird zusehends trockener und Sie haben die Befürchtung, daß Ihre Stimme an Sicherheit verlieren könnte. In einer solchen Situation legen Sie eine Hand auf den Solarplexusbereich. Sie finden ihn über dem Bauchnabel. Atmen Sie jetzt willentlich tief und ruhig ein und konzentrieren Sie Ihre Gedanken auf die Hand. Verweilen Sie bewußt in dieser Empfindung, ohne dabei das Verhalten des Umfeldes außer acht zu lassen. Sie werden feststellen, wie sich durch Ihre tiefe Atmung die Hand auf und ab bewegt und Ihnen die-

se Übung Ruhe und Gelassenheit schenkt. Diese Technik, auch ohne
Streßsituation öfter trainiert, wird Ihnen helfen, Ihr seelisches Gleichgewicht in kritischen Momenten zu behalten.

Bitte versuchen Sie, mit dem Einatmen zu sprechen. Sicher stellen Sie dabei
fest, daß das nur schwer möglich ist. Sprechen erfolgt mit dem Aus-atmen.
Das bedeutet, daß Sprache ein Von-innen-nach-außen-Treten ist. Wenn sie
nur über das Ausatmen erfolgt, heißt dies:

■ Sprechen bedeutet Loslassen.

Sprache und Atem, aber auch Atem und Sprache sind untrennbar miteinander verbunden. Sie alle kennen Erlebnisse, in denen Sie erfahren haben, daß Ängste den Atem und die Sprache verändern. Ängste lassen Sie
kürzer und schneller atmen und die Stimme wirkt gepreßt. Sie haben die
Möglichkeit, über tiefes und ruhiges Atmen der Stimme mehr Volumen und
Kraft zu verleihen und somit einen stärkeren Einfluß auf andere Menschen
auszuüben. Auch mit der Verwendung bestimmter Worte können Sie den
Atem beeinflussen und verändern. Selbst wenn Sie sich dieser Tatsache
nicht bewußt sind, hat dieser Vorgang Einfluß auf das Seelenerleben und
letztendlich auf das Wohlbefinden und die Gesundheit.

Bitte unternehmen Sie folgenden Versuch:

Sprechen Sie mehrmals hintereinander unterschiedlich laut und betont, auch
in die Länge gezogen, das Wort „Ja". Spüren Sie danach in sich hinein und
erfassen Sie Ihr Stimmungsbild. Das gleiche machen Sie jetzt mit dem Wort
„Nein". Erfahrungsgemäß entwickeln Sie mit dem Wort „Ja" Weite und
Offenheit, mit dem Wort „Nein" Enge und Verschlossenheit. Unsere Gei-
steshaltung, mit der wir sprachlich in die Welt treten, wird unseren Atem
führen und Einfluß auf unser Wohlbefinden nehmen.

Wichtige Fragen zur weiteren Reflexion:

❐ Wie bewußt haben Sie sich bis heute mit Ihrem Atem beschäftigt?

❐ Welchen Einfluß hat Ihr Atem auf Ihre Sprache?

❐ Wie können Sie über bewußtes Atmen Streßsituationen leichter bewältigen?

---

4. Sprache als Selbstdarstellung

Sprache ist seelisches Erleben, mit dem wir uns und andere
Menschen beeinflussen.

Schulz von Thun, Autor des Bestsellers „Miteinander reden", unterscheidet
bei einer Nachricht bzw. einer Botschaft vier Aspekte:

◆ die Selbstoffenbarung,

◆ den Sachbezug,

◆ die Beziehungsebene,

◆ den Appell.

Die Selbstoffenbarung

Sprechen ist ein Vorgang, bei dem der Mensch als Sender aus seinem In-
nern nach außen tritt. Gedanken, Empfindungen und Wille werden für das
Umfeld erkennbar. Über das verbale Aktivsein werden Meinungen, Ansichten, Betrachtungsweisen, Weltanschauungen und Werte gezeigt. Ari-
stoteles drückte es so aus: 'Sprich, damit ich dich sehe.' Sehen heißt hier:
erkennen.

Der Sachbezug

Jede Botschaft oder Nachricht eines Menschen hat einen Sachbezug. Er
kann unterschiedlich ausgeprägt sein. Ein Ingenieur, der einer Besucher-
gruppe die Funktionen einer Maschine erklärt, entwickelt in dieser Situation in aller Regel einen hohen Sachbezug.

Die Beziehungsebene

Jedes Gespräch hat auch eine Beziehungsebene. Sie ist unterschiedlich stark
ausgeprägt und erkennbar. Das Gespräch zwischen Mutter und Kind wird
andere Beziehungsempfindungen zeigen, als das einer Person, die jemanden

nach einer Adresse fragt. Es ist wichtig, daß wir uns dieser unterschiedlichen Beziehungsintensität bewußt sind und entsprechend damit umgehen.

Der Appell

Der Appell an den Adressaten variiert. So wird eine Führungskraft, die eine Aufgabe an einen Mitarbeiter delegiert, einen stärkeren Appell senden als ein Mensch, der über seinen Urlaubsort berichtet. Die Führungskraft will mit der Weisung an den Mitarbeiter ein zielgerichtetes Handeln bewirken.

Erscheinung und Verhaltensbild

Die Kommunikation vollzieht sich auf drei Ebenen. Diese sind:

◆ der verbale Vorgang – Sprache,

◆ das nonverbale Verhalten – Ausdruck des Körpers,

◆ die Aktion – unser Handeln.

Bitte machen Sie folgenden Versuch:

Denken Sie gründlich darüber nach, worüber und mit wem Sie in den letzten drei Tagen gesprochen haben. Sicherlich ist es Ihnen möglich, bei diesem Rückblick alle Personen zu erkennen, mit denen Sie in Ihrem beruflichen Umfeld und auch im privaten Bereich kommuniziert haben.

◆ Was haben Sie gesprochen?

◆ Was war Ihnen so wichtig, daß Sie darüber geredet haben?

◆ Welche Meinungen haben Sie vertreten?

◆ Welche Bewertungen haben Sie vorgenommen?

Unsere Sprache ist ein Spiegelbild unserer gelebten Werte. Das heißt, Menschen, die z. B. ein gutes Verhältnis zu ihrem Arbeitsplatz haben, werden auch dementsprechend positiv über ihre berufliche Tätigkeit reden. Eine andere Person, die die auszuübenden Arbeiten ablehnt, wird sich eher negativ äußern. Grundsätzlich müssen wir uns eingestehen, daß die eigene Sprache und das verbale Verhalten anderer ein Ausdruck der Weltanschauung sind. Somit haben wir die Chance, über das eigene verbale Verhalten unsere Einstellung zu bestimmten Lebensfragen zu erkennen. Damit ist uns ein Schlüssel in die Hand gegeben, das Bewußtsein für eigenes Denken und Sprechen zu entwickeln und zu verstärken.

Jedes Gespräch wird unterschiedliche Stimmungen und Gefühle in uns auslösen. So werden wir nach einem Gedankenaustausch über ein tragisches Ereignis eher nachdenklich und evtl. sogar traurig sein. Anderes empfinden wir natürlich nach einem Dialog mit einer Person, die Optimismus und Selbstvertrauen ausstrahlt und über ihr verbalen Äußerungen Freude am Leben signalisiert. Werden Sie sich bewußt, daß andere Menschen Einfluß auf Sie ausüben, aber umgekehrt auch Sie durch Kommunikation andere Menschen beeinflussen.

Selbstbewußtsein

Die Frage, ob Selbstbewußtsein und Sprache einander bedingen, ist nicht grundsätzlich mit einem Ja zu beantworten. In der Berufswelt hat sich gezeigt, daß Personen mit stärkerem Selbstbewußtsein auch verbal sicherer und entschlossener auftreten. Hinzu kommt, daß die Personen, die ein echtes und kein aufgesetztes Selbstbewußtsein haben, stärker für eine kooperative Zusammenarbeit offener sind. Menschen mit Problemen wirken dagegen weniger selbstbewußt. Es sind oft Personen, die überwiegend negativ über ihr eigenes Leben und ihr Umfeld sprechen.

Selbstbewußtsein spiegelt sich in einer zielgerichteten, positiv orientierten Sprache und in der Bereitschaft, Konflikte anzunehmen und zu lösen.

♦ Selbstbewußtsein setzt voraus, daß Sie die Werte, die Sie leben, auf Ihre Bewußtseinsebene transferieren.

♦ Selbstbewußtsein ist Ausdruck von Persönlichkeit.

♦ Selbstbewußtsein ist das Bestreben, seinen eigenen verbalen Ausdruck ständig zu verbessern.

Selbstbewußtsein steht in engem Zusammenhang mit den gelebten Werten. Ich weiß, wie ich denke, ich weiß, wie ich handle, ich weiß, was mir wichtig ist und welche ethischen und moralischen Prinzipien ich lebe – diese Erkenntnisse über uns selbst verleihen uns Kraft und Stärke, wenn sie in Einklang mit unserem ethischen Empfinden stehen.

Wichtig für ein ausgeglichenes Selbstbewußtsein ist die Bereitschaft, nicht immer perfekt sein zu wollen. Auch ein Mißerfolg kann letztlich dazu beitragen, das Selbstbewußtsein zu stärken. Dies setzt jedoch voraus, daß wir den Mißerfolg als Erfahrung sehen und annehmen.

Hermann Josef Abs, Aufsichtsratsvorsitzender der Deutschen Bank AG und Aufsichtsratsmitglied in zahlreichen Wirtschaftsunternehmen, hat einmal auf die Frage: „Was hat Sie so erfolgreich gemacht?" folgendermaßen geantwortet: „Ich habe aus meinen Niederlagen gelernt." Wenn Sie diesen Satz in seiner ganzen Aussagekraft auf sich wirken lassen, muß er zwangsläufig Kraft und Freude auslösen. Selbstbewußtsein ist gekoppelt an die Bereitschaft, die volle Verantwortung für das eigene Leben zu übernehmen. Zu seinen Erfolgen und Mißerfolgen stehen, die Vergangenheit annehmen, sie bewußt akzeptieren, die Gegenwart realistisch sehen und die Zukunft planen – dies löst zusätzliche Energien aus und stärkt das Bewußtsein.

Selbstbewußtsein hat nichts mit Überheblichkeit oder gar Arroganz zu tun. Arrogante Menschen sind im allgemeinen solche Personen, die fehlendes Selbstbewußtsein überspielen und über diese aufgesetzte künstliche Sicherheit versuchen zu wirken. Ein selbstbewußter Mensch ist offen, kommunikationsfähig, steht zu seinem Entscheidungen und ist belastbar. Je höher das Selbstbewußtsein eines Menschen ist, desto größer ist auch seine Leistungsfähigkeit.

Wichtige Fragen zur weiteren Reflexion:

❐ Welches Image haben Sie über Ihr sprachliches Verhalten am Arbeitsplatz und in Ihrem Bekanntenkreis entwickelt?

❐ Wie bewußt sind Sie sich, daß Sprache Selbstdarstellung ist?

❐ Welchen Einfluß haben Ausreden, Unehrlichkeit und Unsicherheit auf Ihre Selbstdarstellung?

---

5. Sprache ist Selbst- und Fremdbeeinflussung

Selbstbeeinflussung

Ich möchte Sie auffordern, Menschen zu beobachten, die ein erfolgreiches Leben führen. Unter erfolgreichen Menschen sind hier nicht nur solche zu verstehen, die besondere Karrieren machen, viel Geld verdienen, Einfluß und Macht ausüben, sondern auch Personen, die erfolgreich mit Problemen umgegangen sind und schwierige Lebensphasen gemeistert haben. Wenn Sie die Stimmen solcher Personen analysieren und vergleichen, werden Sie feststellen, daß sie Festigkeit, Vitalität und Überzeugungskraft ausstrahlen. Ganz anders ist die Wahrnehmung von weniger erfolgreichen Menschen, die weinerlich, kraftlos und unentschlossen wirken. Werden Sie sich bewußt:

■ **Ihre Stimme beeinflußt die Stimmung.**

Es ist schwierig, seine Stimme in einer kurzen Zeit zu verändern, aber grundsätzlich ist es möglich. Entscheidend ist, daß Sie es wollen. Es zu wünschen reicht nicht, Sie müssen es wollen. Wichtig ist bei diesem Bestreben, daß Sie sich auf positive Lebensmaxime orientieren und aus dieser Empfindung heraus Ihre Stimme positiv beeinflussen.

Hier eine kleine Übung, die Sie eine Zeitlang durchführen können:

Angenommen, Sie wollen Ihrer Stimme mehr Kraft verleihen, dann entscheiden Sie sich für das positivere Reizwort „Ja". Die Übung sieht dann wie folgt aus: Frühmorgens im Bad oder auf der Fahrt zum Arbeitsplatz sprechen Sie laut, bewußt und mit Betonung das Wort „Ja" fünf- bis zehnmal. Stellen Sie sich dabei vor, Sie hätten in einen großen Kraftakt gerade einen Berggipfel erstiegen und würden jetzt in einer Aufwallung von Begeisterung dieses Ja rufen. Wenn Sie diese Übung auch nur vierzehn Tage lang durchhalten, werden Sie Ihre innere Stimmung verändern und Ihrer Stimme einen neuen „Glanz" schenken.

Die persönliche Programmierung

Jeder Mensch hat seine eigene Vergangenheit. Diese geistig-seelische Programmierung ist abhängig von der Biographie des einzelnen. Was hierunter zu verstehen ist, soll folgendes Beispiel verdeutlichen: Jeder weiß, wie eine Zitrone schmeckt. In vielen Versuchen konnte ich feststellen, wenn ich rein fiktiv einer Gruppe schilderte, daß ich eine Zitrone abreibe, sie in vier Viertel teile, eines dieser vier Stücke zum Mund führe und hineinbeiße, entwickelt sich spätestens in diesem Moment bei wenigstens acht von zehn Personen verstärkt Speichel im Mund.

Die Erfahrung mit der Zitrone ist ein winziger Teil erlebter Vergangenheit. Die Psychologie lehrt uns, daß jedes starke Erlebnis aus unserem Bewußtsein ins Unterbewußtsein absinkt und dort gespeichert wird. Das heißt, daß alle gelebten Ereignisse in unserem Unterbewußtsein aufgehoben sind und zum Bestandteil unseres verbalen Repertoires werden. Ein Kind, das im Elternhaus immer wieder zu hören bekam, „du sollst nicht über andere Menschen negativ reden", wird mit aller Wahrscheinlichkeit bis ins hohe Lebensalter diesem Leitfaden bewußt oder unbewußt folgen. Jeder Erfolg oder Mißerfolg, jedes starke und freudige Ereignis, aber auch erfahrenes Leid wird gespeichert und ist somit ein Teil der seelischen Grunddisposition. Diese Erfahrungen beeinflussen und verändern unser Denken und Handeln und sind immer wieder in unseren verbalen Äußerungen zu erkennen.

■ **Grundsätzlich ist Sprache Ausdruck gelebten Lebens und der daraus entwickelten Werte.**

Um den Einfluß der Sprache auf Ihre emotionale Selbstbeeinflussung bewußter zu erkennen, beantworten Sie bitte folgende Fragen:

Wie fühlen Sie sich, wenn Sie einen Menschen loben oder auch einem Menschen einen Rat geben können?

Welches Stimmungsbild entwickeln Sie, wenn Sie bewußt die Wahrheit manipulieren oder lügen?

Was empfinden Sie, wenn Sie über andere Menschen schimpfen oder Sie in einem Dialog verletzend kritisieren?

Fremdbeeinflussung

In einem Seminar erzählte ich von zwei Familien, in denen die Ehemänner nach Feierabend ihren Frauen ausschließlich über negative Erlebnisse und entsprechende Umstände vom Arbeitsplatz erzählten. Über Jahre hinweg haben diese beiden Männer nur über ihre Arbeitssituation geklagt und ihr berufliches Leben als Martyrium hingestellt. Beide Frauen wurden depressiv. Ein Teilnehmer erzählte in diesem Zusammenhang von einem ihm bekannten Fall, wo eine Frau sich aller Wahrscheinlichkeit nach aus diesem Grund das Leben genommen hat.

Sicherlich gehört es zu einem Teil unseres Lebens, über unerfreuliche Ereignisse und Erlebnisse zu reden. Eine positiv orientierte Kommunikation zu betreiben bedeutet nicht, die Realität des Lebens zu verschweigen und Mißstände nicht beim Namen zu nennen. Trotzdem müssen wir uns bewußt werden, daß ein ständiges Reden über negative Umstände auch beim Zuhörer negative Empfindungen bewirkt. Ähnliche Wirkungen wie in diesem Beispiel können auch Beschimpfungen bzw. andere Negativaussagen erzielen. Hier noch ein weiteres Beispiel, das zeigt, welche Macht Worte über andere Menschen haben können:

In einer Gruppenanalyse, sie bestand aus ca. zwölf Personen, in der jeder jeden bewertet hatte, erfuhr ein junger Mann im Alter von ca. 19 Jahren durch die Gruppe eine außergewöhnlich positive Bewertung. Das Resultat war, daß besagter junger Mann plötzlich in ein Tränen ausbrach. Die kurz danach erfolgte Aussprache ergab, daß er zum ersten Mal in seinem Leben in einer so deutlichen Weise eine positive Beurteilung erfuhr. Er erzählte der Gruppe, daß sein Vater ihn ständig mit folgenden Äußerungen erniedrigt hat: „Du kannst nichts, aus dir wird nie etwas, du wirst nie etwas Besonderes leisten."

Auch dieses Beispiel zeigt, daß die unüberlegten Worte des Vaters großes seelisches Leid ausgelöst haben, das erst über die Gruppenanalyse offenbar wurde. (Dieser junge Mann hat sein Abitur nachgeholt und ein betriebswirtschaftliches Studium über den dritten Bildungsweg absolviert.)

Werden wir uns bewußt, daß jede Aussage, gleichgültig ob positiv oder negativ, die gegen eine andere Person gerichtet ist, diese auch beeinflussen wird. Dies kann in vielen Fällen so massiv sein, daß bei anderen Menschen Körperreaktionen wie z. B. Gänsehaut, Ängste, Tränen, aber auch Lachen und Freude hervorgerufen werden.

Die verdeckten Botschaften

Sprache drückt also immer auch Emotionen aus. Selbst in den Momenten, in denen wir desinteressiert irgend eine Banalität zum Ausdruck bringen, werden auch diese ausgesprochenen Gedanken beim Empfänger spezifische Reaktionen auslösen. Sprache ist nur in Verbindung mit dem Ausatmen möglich und so immer ein Von-innen-nach-außen-Treten. Atmen wiederum ist Leben, und somit wird Sprache ein Ausdruck unseres Lebens. Das heißt, daß die von uns formulierten Worte beseelt sind und von feinsten Schwingungen unseres emotionalen Empfindens getragen werden. Bewußt oder unbewußt registrieren wir neben der artikulierten Information auch die psychische Situation des betreffenden Senders.

Hier ein Beispiel dafür, was unter dieser ganz wesentlichen Aussage der Sprachpsychologie zu verstehen ist: Ein junges Ehepaar mit zwei Kindern, sechs und zehn Jahre alt, hat Partnerschaftsprobleme. Beide sprechen in einer fairen und offenen Weise über ihre Situation. Sie beschließen gemeinsam, den Kindern von ihrer Problematik nichts zu sagen. Frage: Merken es die Kinder oder merken sie es nicht? In meinen Seminaren habe ich schon mehrmals von Müttern die Antwort gehört: „Die Kinder spüren das Problem der Eltern, noch bevor es die Eltern selbst bemerken."

In Verbindung mit diesem Beispiel wissen wir, daß Kinder sehr stark auf ihre Eltern ausgerichtet sind. Daher werden auch Jugendliche besonders intensiv veränderte zwischenmenschliche Prozesse der Eltern bewußt oder unbewußt wahrnehmen. Aber auch wir Erwachsenen können uns diesen psychologischen Prozessen nicht entziehen. Auch der erwachsene Mensch reagiert sehr stark auf diese verdeckten Botschaften.

In einem Führungsseminar sprach ein Meister sehr negativ über seinen Vorgesetzten. Andererseits war aber zu erkennen, daß die besagte Person eine berufliche Beförderung anstrebte. Auf die Frage, ob sein direkter Vorgesetzter die Ablehnung spüre oder nicht, wurde von der ganzen Gruppe klar vermutet, daß die andere Führungskraft die Einstellung des Meisters auch ohne entsprechende verbale Äußerungen wahrnehmen wird.

Unsere innere Stimmung, getragen von unserer Einstellung zu bestimmten Lebensfragen, wird immer auch über unsere Sprache mit suggeriert. Bewußt oder unbewußt laufen zwischen der Lehrkraft und den Schülerinnen und Schülern permanent psychologische Prozesse ab. Eine anhaltende innere

Unsicherheit der Lehrkraft wird von der Klasse wahrgenommen und löst dann ganz bestimmte Verhaltensweisen aus. Auch persönliche Probleme und eine innere Abneigung der Lehrkraft gegenüber einzelnen im Klassenverband oder gegenüber der gesamten Klasse werden registriert und beeinflussen das Verhalten. Diese gruppendynamischen Prozesse sind so intensiv und gravierend, daß zum Beispiel eine seelisch kranke Lehrkraft entsprechend unsichere Reaktionen bis hin zu Aggressionen bei Schülerinnen und Schülern auslösen kann.

Diese Gesetzmäßigkeit gilt natürlich auch umgekehrt. Eine Lehrkraft, die innerlich offen ist für ihre Gruppe, wird bewußt oder unbewußt von den seelischen Empfindungen der Schüler beeinflußt.

Sprache läuft auf drei Ebenen ab:

♦ über die Bedeutung des gebrauchten Wortes,

♦ über den Körper, d. h. als nonverbales Verhalten,

♦ über die versteckten Botschaften bzw. Suggestionen.

Im Umgang mit Menschen ist es wichtig zu wissen, daß in jeder Person natürliche psychologische Primärbedürfnisse existieren. Für den Berufstätigen ist dies verstärkt der Wunsch nach:

♦ Geltung, Akzeptanz, Erfolg, Ansehen, Sicherheit, Harmonie.

Kommunikation mit anderen Menschen wird immer dann besonders erfolgreich sein, wenn wir neben den zu erreichenden Zielen auch die Primärbedürfnisse der Gesprächspartner berücksichtigen.

Meta-Kommunikation

Der Begriff Meta-Kommunikation hat in den letzten Jahren an Bedeutung gewonnen. Erfaßt wird im allgemeinen das sprachliche Verhalten zwischen zwei Personen. Meta-Kommunikation beschäftigt sich mit dem, was Botschaften auslösen können. Meta-Kommunikation fragt nicht danach, was gesagt, sondern wie es ausgedrückt wird. Sie beschäftigt sich mit den Einflußmöglichkeiten, die eine Information beim Empfänger auslösen kann. Beispielsweise sagt eine Führungskraft zu einem Mitarbeiter: „Die Arbeit eilt." Und meint damit, alle laufenden Vorgänge abzubrechen und die neue Arbeit sofort zu erledigen. Der Mitarbeiter versteht jedoch unter dem Wort

„eilt", erst die laufenden Arbeiten zu beenden und dann die neue Aufgabe sofort in Angriff zu nehmen.

Beispiel:

Eine Frau bittet eine Kollegin, ihr kurz bei einer komplizierteren Arbeit zu helfen. Diese jedoch antwortet: „Ich kann dir nicht helfen" und verläßt den Raum. Die Person, die um Hilfe gebeten hat, stellt jetzt folgende Überlegungen an: „Warum will sie mir nicht helfen? Was habe ich getan, daß sie mir nicht helfen will?" Sie nimmt sich vor, sich in einer vergleichbaren Situation zu revanchieren. Was sie nicht weiß und auch von der Kollegin nicht gesagt wurde, war, daß diese morgens um acht Uhr einen wichtigen Besprechungstermin für zehn Uhr bei der Personalstelle vereinbart hatte. Für den Weg zur Personalstelle benötigt sie fünf Minuten. Als die Kollegin sie anspricht, ist es genau acht Minuten vor zehn Uhr. Bedingt durch die innere Spannung des zu erwartenden Gesprächs, ist ihre Antwort unvollständig und mißverständlich. Ihre richtige Antwort hätte lauten müssen: „Ich würde dir gerne helfen, aber ich habe um zehn Uhr einen Termin. Wenn du so lange warten kannst, komme ich danach sofort zu dir."

Meta-Kommunikation verlangt Klarheit in der Sprache, und das bedeutet gleichermaßen Klarheit im Verstehen. Ein wichtiger Punkt ist auch die Bereitschaft, entsprechend zuzuhören. Viele Konflikte im zwischenmenschlichen Bereich sind das Ergebnis fehlender Meta-Kommunikation. Stellen Sie sich in diesem Zusammenhang folgende Fragen:

♦ Wie oft wissen andere Menschen nicht, was Sie wollen?

♦ Wie oft werden Sie mißverstanden?

♦ Wie oft verschaffen Sie sich über gezielte Fragen Klarheit in Gesprächen mit anderen?

Positive Reizwörter

Seien Sie bereit, mit den jetzt folgenden Worten großzügig und trotzdem sinnvoll umzugehen, denn Sie werden nicht nur bei uns, sondern auch bei anderen Menschen wohltuende Gefühle, Harmonie und Energie entwickeln:

♦ Ja, bitte, danke, richtig, schön, gut, attraktiv, zuverlässig, pünktlich, Qualität, Name, fähig, ehrlich, beständig, kollegial, teambewußt, motiviert, zielorientiert, genau, übersichtlich, verantwortungsbewußt, interessant.

Menschen, die diese Worte gerne gebrauchen, haben einen starken Einfluß auf ihr Umfeld. Sie werden geachtet und geschätzt. Ein Rat, aber auch ihre Kritik wird gerne angenommen. Lernen wir, diese Worte zu gebrauchen, ohne unsere Ziele und Sachaufgaben zu vernachlässigen. Geradlinigkeit, Klarheit und Ehrlichkeit in der Sprache brauchen unter dem Einsatz positiver Reizwörter nicht zu leiden.

> ■ Sprache, getragen von positiven Reizworten, wird bei Mitarbeiterinnen und Mitarbeitern die Bereitschaft zur erhöhten Leistung und zu teamorientiertem Handeln verbessern.

Negative Reizwörter

Unter negativen Reizworten verstehen wir solche Äußerungen des Senders, die bei dem betreffenden Empfänger wenig motivierende Empfindungen auslösen. Das heißt, es gibt Worte, die im zwischenmenschlichen Bereich sehr schnell bewußt oder unbewußt Blockaden entwickeln. Nachstehend einige Beispiele:

♦ Nein, falsch, müssen, ungenau, schlecht, schlampig, geht nicht, unkollegial, desinteressiert, unmotiviert, billig, faul, unzuverlässig, immer Sie.

Diese als Beispiele aufgeführten Begriffe werden bei anderen Menschen eine entsprechende Stimmung auslösen. Sie haben einen ausgesprochen demotivierenden Charakter. Werden Sie sich bewußt, daß jedes Wort bei anderen Menschen zwar unterschiedliche, aber doch vergleichbare Assoziationen auslöst.

Beispiel:

Der Begriff „Flasche" wird zum Beispiel bei jedem Menschen unterschiedliche Gedanken und damit auch unterschiedliche Vorstellungen auslösen. Das Spektrum kann in diesem Fall von einer Babymilchflasche über Bierflasche, Whiskyflasche bis hin zu einer Person, die als „Flasche" bezeichnet wird, reichen. Auch diese Tatsache verlangt von jedem Menschen eine hohe Verantwortung im Gebrauch seiner Sprache. Wir sollten lernen, die Sprache zu lieben. Eine verantwortungsvolle Einstellung zur Sprache hilft jene Behutsamkeit in der Wahl unserer Worte zu entwickeln, die unsere Kommunikation im zwischenmenschlichen Bereich erfolgreich macht.

Wichtige Fragen zur weiteren Reflexion:

❏ Wie stark beeinflussen Sie über Ihre Sprache andere Menschen?

❏ Wie oft ist Ihre Sprache positiv bzw. negativ ausgerichtet?

❏ Wie sprechen Sie mit Kollegen /Vorgesetzten in der Berufswelt?

6. Sprache als ein Weg zum Erfolg

■ **Sprache ist ein Schlüssel zur Verständigung, zur Menschenbeein-flussung, Menschenbehandlung, Menschenführung. Sprache ist ein Weg zum Erfolg.**

So wie wir in der physischen Welt bestrebt sind, ein Verhalten zu entwikkeln, aus dem für uns und andere kein Schaden entsteht, sollten wir bereit sein, auch unser Denken und Sprechen mit der gleichen Ordnung und Disziplin zu praktizieren. Erfolg in unserem Leben ist kein Zufall, sondern Ausdruck unseres Denkens, Sprechens und Handelns. In der Berufswelt erfolgreich zu sein, Akzeptanz zu finden und größere Verantwortung zu erhalten, verlangt von jedem tätigen Menschen ein zielgerichtetes, positives verbales Verhalten. Dabei werden Veränderungen, Schwierigkeiten und Probleme als Herausforderung angenommen und überwunden.

Ein erfolgreicher Mensch ist in seiner Sprache positiv orientiert. Argumentativ ist er verstärkt auf das Machbare ausgerichtet. Eventuell auftretende Hindernisse und Schwierigkeiten werden einkalkuliert, aber nicht als elementare Barrieren betrachtet. Ganz anders sprechen der Skeptiker und der Pessimist. Über ihr verbales Verhalten werden wir alle negativen Faktoren erfahren, die sie letztendlich davon abhalten, notwendige Entscheidungen zu treffen, Ziele zu definieren und argumentativ zu überzeugen.

Wenn Sie prüfen wollen, wie Sie über Ihre Sprache vom Umfeld wahrgenommen werden, helfen Ihnen die nachstehenden Fragen:

♦ Wie sprechen Sie über sich selbst?

♦ Wie sprechen Sie über Ihre Arbeit?

♦ Wie sprechen Sie über Ihre Produkte?

♦ Mit welchen Worten beurteilen Sie Kolleginnen, Kollegen und Vorgesetzte?

♦ Wie äußern Sie sich bei Freunden über Ihren Arbeitsplatz?

♦ Wie sprechen Sie über Ihr Unternehmen?

♦ Wie sprechen Sie über Ihre Familienangehörigen?

Die aufgabenorientierte Sprache

Die aufgabenorientierte Sprache ist eine verstärkt auf der Sachebene ablaufende Kommunikation. Im Vordergrund stehen technologische Prozesse und organisatorische Abläufe. Wir alle kennen den Satz: „Zur Sache gehen." Oder aber auch die Aussage: „Er ist ein Technokrat." Eine Kommunikation, die ausschließlich auf dieser Ebene abläuft, wirkt unpersönlich, gefühlsarm und leicht autoritär. Dieses nüchterne Auftreten erstickt wichtige zwischenmenschliche Empfindungen und spiegelt sich oft in einer übertriebenen Bewertung, Überwachung und Kontrolle der Leistungen anderer Menschen wider. Das Fachliche ist allein ausschlaggebend.

Die personenbezogene Sprache

Hier steht das Zwischenmenschliche und somit die soziale Komponente im Vordergrund des Kommunikationsprozesses. Der Mensch steht im Mittelpunkt des Denkens und Sprechens. In einer personenbezogenen Kommunikation werden mehr die persönlichen Fähigkeiten, Stärken und andere Persönlichkeitsmerkmale angesprochen. Positive, aber auch negative Einflüsse aus dem Aufgabenbereich werden auf einer fairen Ebene erörtert und diskutiert. Auf dieser Kommunikationsebene entsteht eine Atmosphäre, in der wesentlich leichter Probleme bewältigt, Konflikte gelöst, Motivation und kreatives Denken gefördert werden. Erfolgsorientierte Kommunikation wird beide Ebenen, die aufgabenorientierte und die personenbezogene, situativ einbringen. An den Stellen, in denen es um eine Sache geht, wird auch Klarheit in der Aufgabe erkennbar. Berücksichtigung finden aber auch die individuellen Eigenschaften und Fähigkeiten.

Sprache und Erwartung

Denken und Sprechen sind untrennbar miteinander verbunden. Der Mensch denkt, er produziert Gedanken. Diese geistigen Kräfte, die den Menschen als das höchstentwickelte Lebewesen kennzeichnen, finden wir grundsätzlich in seiner Sprache wieder. Erst wenn der Mensch sich im Prozeß des Redens befindet und er über seine Willensbildung bestimmte Dinge ausdrücken will, haben wir den Prozeß des Sprechdenkens. Was wir oft unterschätzen, ist die Tatsache, daß wir über die Sprache nicht nur unsere Mei-

nungen, Ansichten und Bewertungen erkennbar machen, sondern darüber
hinaus auch unsere Lebenseinstellung und Lebenserwartungen „sichtbar"
werden.

Stellen Sie sich bitte folgende Fragen:

♦ Was erwarten Sie von Ihrem Leben?

♦ Was erwarten Sie in Ihrem Beruf?

♦ Was erwarten Sie von Kolleginnen und Kollegen?

♦ Was erwarten Sie von Ihrem Vorgesetzten?

♦ Was erwarten Sie von Ihrem Lebenspartner?

♦ Was erwarten Sie von sich selbst?

Bedenken Sie, daß Sie sich immer nur den Dingen zuwenden, von denen
Sie auch eine bestimmte Erwartung haben. Wenn Sie zum Beispiel glauben,
daß sich die Bedingungen an Ihrem Arbeitsplatz verschlechtern, daß Sie
kein verbessertes Einkommen erhalten, daß Ihr Vorgesetzter Sie nicht mehr
richtig akzeptiert, dann sind diese Ihre Befürchtungen Ihre negative Erwartungshaltung. Der Satz: „Ich habe gewußt, daß es so kommt!" ist eine Bestätigung Ihrer Erwartung. Obwohl in diesem Fall die vorausgesehenen
Perspektiven negativ sind, findet der Mensch in dieser Situation einen Erfolg. Schließlich hat er die Ereignisse so und nicht anders erwartet. Diese
Bestätigung beinhaltet in zweierlei Hinsicht gefährliche Momente, nämlich
zum einen, daß sich negative Erwartungen erfüllt haben, und zum anderen,
daß in dieser Erfüllung zusätzlich noch ein Erfolg gesehen wird.

■ **In der Erwartung, egal ob positiv oder negativ, liegt die Voraussetzung für das Erfolgserlebnis.**

Wenn Sie Ihr eigenes Sprachverhalten beobachten, werden Sie feststellen,
welche Erwartungen Sie gegenüber bestimmten Lebensfragen haben. Dies
setzt jedoch voraus, daß Sie eine alltägliche Selbstkontrolle Ihrer verbalen
Aktivitäten entwickeln. Dieses Gesetz der Erwartung erfüllen wir auch im
Umgang mit anderen Menschen. Es wird getragen von unserer geistig-
seelischen Einstellung gegenüber anderen Personen. Mit unseren Erwartungen werden Suggestionen ausgestrahlt, die die zwischenmenschliche Beziehung sehr stark beeinflussen. Hierunter ist zu verstehen, daß Sie einem

Menschen, von dem Sie viel erwarten, anders begegnen als einem Menschen, von dem Sie weniger oder überhaupt nichts erwarten.

Beispiel:

Als Führungskraft haben Sie Verantwortung für fünf Personen. Vier dieser Mitarbeiterinnen bzw. Mitarbeiter entsprechen Ihren Vorstellungen. Ein Mitarbeiter jedoch wird von Ihnen aufgrund seiner spezifischen Verhaltensweisen abgelehnt. Von ihm erwarten Sie weniger Leistung, weniger Qualität und weniger Informationsbereitschaft. Als Führungskraft dürfen Sie sicher sein, daß Sie Ihre Erwartungen diesem Mitarbeiter über Ihr verbales und nonverbales Verhalten suggerieren. Folge: Der Mitarbeiter spürt die fehlende Akzeptanz, ist demotiviert und zu Verhaltensänderungen wenig bereit. Unbewußt bestätigt er Ihre Erwartungen.

Dieser Mitarbeiter wird erst dann sein Verhalten ändern, wenn Sie als Vorgesetzter Ihre Erwartungshaltung ändern und sie über Ihr verbales und nonverbales Verhalten übertragen. Denken Sie immer daran:

■ **Das, was Sie in Ihrem Leben erwarten, wird sich auch erfüllen.**

Wichtige Fragen zur weiteren Reflexion:

❑ Wie stark ist Ihre Kommunikation zielorientiert?

_____

❑ Wie oft kritisieren bzw. loben Sie?

_____

❑ Welchen Eindruck entwickeln Sie über Ihre Sprache, wenn Sie in der Familie oder bei Freunden über Ihren Arbeitsplatz, das Unternehmen, sein Management und seine Produkten reden?

_____

7. Die Kunst des Fragens

Warum kann das Fragenstellen als Kunst bezeichnet werden?

Fragen fällt uns Menschen oft schwer, weil wir im allgemeinen lieber reden. Es ist für die meisten Menschen ein Bedürfnis, Botschaften über das eigene Leben zu vermitteln. Dieses Mitteilungsbedürfnis ist Ursache, daß wir zu wenig fragen. Ein weiterer Grund besteht darin, daß mit dem Fragen eine erhöhte Konzentration verlangt wird. Wir können immer nur dann sinnvoll fragen, wenn wir vorher gut zugehört haben. Zuhörenkönnen verlangt Selbstdisziplin. Gezielt fragen, unter Berücksichtigung bestimmter Fragetechniken, ist Anwendung von Sprache, die als eine Kunst bezeichnet werden darf. An dieser Stelle sind Sie bereits aufgefordert, Ihr eigenes verbales Verhalten immer wieder zu prüfen. Stellen Sie fest, wie gerne Sie reden und wie oft Sie fragen. Das Argument mancher Menschen, Fragen sei unhöflich, ist nicht haltbar. Allerdings gibt es einzelne Fragen, die anzüglich oder auch unfair sein können. Grundsätzlich ist Fragen eine Form der Kommunikation, die sinnvoll ist.

Fragen können folgendes bewirken:

♦ Ein Gespräch beginnen und in Gang halten,

♦ Interesse zeigen,

♦ Informationen einholen,

♦ etwas über die Wünsche, Bedürfnisse und Ziele des Gesprächspartners in Erfahrung bringen,

♦ Streß abbauen,

♦ Kompetenz erkennbar machen,

♦ ein Gespräch führen,

♦ zum Nachdenken anregen,

♦ helfen, die Problemlösung selber zu finden,

♦ Zeit gewinnen,

♦ beweisen, zugehört zu haben,

♦ den Gesprächspartner besser kennenlernen.

Das Fragen wird im allgemeinen unterschätzt. Voraussetzung ist, daß wir gekonnt fragen. So können z. B. zwei, drei Fragen hintereinander, mit dem Wort „warum" begonnen, unangenehm sein. Wenn wir beispielsweise jemanden fragen: „Warum wollen Sie das nicht tun?" Die gleiche Frage, anders formuliert, könnte lauten: „Welche Gründe halten Sie davon ab, es zu tun?" oder: „Was hält Sie davon ab, Ihr Ziel weiter zu verfolgen?"

■ **Fragen sind ein kommunikativer Schlüssel zum Erfolg.**

Werden Sie verbal angegriffen, haben Sie die Möglichkeit die Situation mit einer Frage zu entschärfen. Eine solche Frage könnte folgendermaßen lauten: „Bitte helfen Sie mir, wie darf ich Ihre Aussage verstehen?" Ein verbaler Angriff kann über eine Frage pariert werden. Ihr Erfolg ist auf jeden Fall Zeitgewinn. Wer die Fragetechnik beherrscht, wird sich in jeder Situation zurechtfindet.

Frageformen

Die heutige Rhetorik beschäftigt sich mit drei Frageformen:

♦ Den offenen Fragen,

♦ den geschlossenen Fragen,

♦ den alternativen Fragen.

Die offene Frage

Die offenen Fragen sind die viel zitierten W-Fragen. Offen deswegen, weil die gefragte Person „gezwungen" wird, Informationen abzugeben. W-Fragen fördern den Gesprächsfluß und regen an. Die Antworten auf offene Fragen sind im allgemeinen umfangreich. Diese Frageform ist auch ein wesentlicher Bestandteil der Interviewtechnik. Nachstehend zehn Beispiele für W-Fragen:

♦ Welche Ziele haben Sie?

♦ Was kann Sie davon abhalten, diese Ziele zu erreichen?

♦ Wer wird Sie unterstützen?

♦ Wie ernähren Sie sich?

♦ Woher kennen Sie diese Trennkost-Rezepte?

♦ Wann haben Sie zum letztenmal Fleisch gegessen?

♦ Wie gefällt es Ihnen bei uns?

♦ Welchen Eindruck haben Sie von der Abteilung?

♦ Was könnte man Ihrer Meinung nach bei uns verändern?

♦ Wie gefallen Ihnen diese Fragen?

Offene Fragen sind im allgemeinen die wichtigeren Fragen. Sicherlich können wir nicht auf andere Frageformen verzichten. Wer jedoch die Kunst des Fragens beherrschen will, sollte immer wieder die offenen Fragen trainieren. Auch im privaten Bereich ist es sinnvoll, mit W-Fragen umzugehen. Es ist ein Unterschied, ob Sie fragen „Ist das Essen bald fertig?" oder: „Bis wann ist das Essen fertig?" Wahre Künstler im Fragen sind Kinder. Wer Kinder im Alter zwischen drei und fünf Jahren erlebt hat, weiß, daß sie nicht nur fragen, sondern auch eine erschreckend gute Ausdauer dazu haben. Wir Erwachsene haben diese Fähigkeit verloren. Es wird Zeit, daß wir sie wieder trainieren. Im beruflichen Bereich sind W-Fragen die entscheidende Frageform.

Offenen Fragen bewirken ein Sich-Öffnen bei den Gesprächspartnern und das Gespräch wird intensiver und informativer.

Nachstehend finden Sie achtzehn Möglichkeiten, offene Fragen einzuleiten:

Wie, wo, warum, wieso, wieviel, weshalb, woher, wann, was, welche, weswegen, wer, wodurch, womit, wonach, wen, wem, wessen.

Die geschlossene Frage

Geschlossene Fragen verleiten dazu, mit „ja" oder „nein" beantwortet zu werden. Die Antworten sind im allgemeinen wenig informativ und hemmen den Gesprächsfluß.

Nachstehend zehn Beispiele für geschlossene Fragen:

◆ Haben Sie Ziele?

◆ Kann Sie etwas davon abhalten, diese Ziele zu erreichen?

◆ Werden Sie unterstützt?

◆ Ernähren Sie sich richtig?

◆ Kennen Sie Trennkost-Rezepte?

◆ Essen Sie noch Fleisch?

◆ Gefällt es Ihnen?

◆ Haben Sie einen Eindruck von der Abteilung?

◆ Kann man Ihrer Meinung nach bei uns etwas verändern?

◆ Gefallen Ihnen diese Fragen?

Gleichgültig, ob Sie im Berufsleben, in der Familie oder mit Freunden kommunizieren, Sie sollten immer darauf achten, möglichst keine geschlossenen Fragen zu stellen. Am Anfang kann es durchaus schwerfallen, sich ausschließlich auf offene, das heißt W-Fragen zu konzentrieren, zumal geschlossene Fragen gebräuchlicher sind. Sich auf offene Fragen zu konzentrieren, soll jedoch nicht heißen, ganz auf geschlossene Fragen zu verzichten. Wichtig ist, daß wir selbst erkennen, welche Frageform wir einsetzen. Sollte in einem Dialog der Gesprächsfluß stocken, können offene Fragen helfen, den Sprachfluß wieder zu verstärken. Im Verkauf von Versicherungen wird von einer sogenannten Ja-Schiene gesprochen. Auf dieser Schiene werden dem Gesprächspartner zwischen vier und sechs attraktive Fragen gestellt, die er mit aller Wahrscheinlichkeit mit Ja beantworten wird. Ja ist ein positives Reizwort und entwickelt in der betreffenden Person Gefühle der Zustimmung. Aus dieser Zustimmung heraus wird die Chance eines Abschlusses erhöht.

Die alternative Frage

Die alternative Frage bietet in den häufigsten Fällen zwei Entscheidungsmöglichkeiten an.

Nachstehend zehn Beispiele für alternative Fragen:

♦ Haben Sie Ziele oder bedeuten Ihnen Ziele nichts?

♦ Kann Sie etwas davon abhalten, diese Ziele zu erreichen, oder werden Sie sie auf jeden Fall durchsetzen?

♦ Werden Sie unterstützt oder müssen Sie alles allein bewältigen?

♦ Halten Sie nur Ihre Ernährung für richtig oder würden Sie auch andere Ernährungsweisen als richtig akzeptieren?

♦ Kennen Sie nur Trennkost-Rezepte oder auch andere Formen der Ernährung?

♦ Essen Sie Fleisch oder sind Sie Vegetarier?

♦ Gefällt es Ihnen oder würden Sie sich lieber verändern?

♦ Haben Sie schon einen Eindruck oder noch keinen von der Abteilung?

♦ Kann man Ihrer Meinung nach bei uns etwas verändern oder nicht?

♦ Gefallen Ihnen diese Fragen oder hätten Sie sich andere gewünscht?

Die alternative Frageform bietet zwei wesentliche Vorteile:

Die Entscheidungsmöglichkeit wird zwar eingegrenzt, überläßt jedoch dem Gesprächspartner einen gewissen Spielraum. Außerdem kann er dieser richtungweisenden Frage nicht ohne weiteres ausweichen.

Die alternative Frageform hat im Verkauf und bei der Absprache von Terminen Vorteile. Im Verkauf ist es ein Unterschied, ob ich frage: „Haben Sie sich entschieden?" oder: „Darf ich Ihnen die blaue oder die graue Bluse zur Kasse bringen?" Diese alternative Frage ist im Verkauf eine starke abschlußorientierte Formulierung. Bei Terminabsprachen ist es nicht günstig zu fragen: „Wann paßt es Ihnen?" Die Antwort könnte lauten: „Zur Zeit nicht. Ich rufe wieder zurück." Die alternative Frage wäre: „Führen wir das Gespräch Anfang oder Ende kommender Woche?" Zweite Möglichkeit: „Ist

Ihnen der kommende Montag oder der Dienstag für das gemeinsame Gespräch lieber?"

In der Bedeutung der Frageformen können wir die Reihenfolge folgendermaßen festlegen:

♦ Offene Fragen,

♦ alternative Fragen,

♦ geschlossene Fragen.

Die unter den drei Frageformen zehn Fragen als Beispiele haben eine vergleichbare Aussage, die durch die jeweilige Frageform zwangsläufig verändert wurde. Bitte vergleichen Sie und stellen Sie für sich fest, welche Frageform Ihnen am sinnvollsten erscheint und auch am besten gefällt.

Aktives Zuhören

Wir sprechen sehr oft von der Kunst des Zuhörens. Besser jedoch ist es, wenn man an Stelle des Wortes „zuhören" den Begriff „hinhören" gebraucht. Das Wort „hinhören" beinhaltet das Zugewendetsein zu den Personen, die uns eine Information vermitteln, und auch bei der jeweils sprechenden Person zu sein. Aktives Hinhören zeigt sich in folgenden Verhaltensweisen:

Blickkontakt zu der sprechenden Person aufnehmen.

Ab und zu durch Kopfnicken sein Hinhören erkennbar machen. In diesem Kopfnicken muß keine Zustimmung zu der erhaltenen Information liegen. Aber Sie zeigen, daß Sie es verstanden haben.

Fragen stellen. Diese sollten jedoch nicht provozierend sein, können aber durchaus auch Neugierde und das Bedürfnis nach Hintergrundwissen erkennbar machen.

Bei Übernahme des Gesprächs ein bis drei Argumente der Gesprächspartner wiederholen. Dadurch zeigen Sie, daß Sie hingehört haben. Jetzt können Sie die eigene Meinung zu dem behandelten Thema einbringen.

■ **Die Kunst des Hinhörens ist die Fähigkeit, auch dann produktive Gespräche zu führen, wenn die Ansichten zu bestimmten Themen sehr stark auseinandergehen.**

Immer wieder ist von Frauen und Männern, die an Besprechungen teilnehmen, zu hören: „Es war furchtbar. Keiner hat dem anderen zugehört. Jeder wollte nur seine eigenen Probleme schildern. Es wurde nur geschwafelt."

Besprechungen als Selbstbefriedigung für kommunikative Bedürfnisse können durchaus für einzelne Personen interessant, aber niemals für das Unternehmen effektiv sein. Es gibt die Behauptung: „Auch dann, wenn Sie 50 Prozent aller Besprechungen streichen, wird sich nichts im Unternehmen negativ verändern." Diese und ähnliche Bewertungen von Besprechungen, Konferenzen und Tagungen sind sicherlich häufig, aber Gott sei Dank nicht immer, zutreffend. Ursache der Spannungen und Disharmonien in der verbalen Begegnung mit anderen Menschen sind im Allgemeinen nicht die unterschiedlichen Meinungen, sondern häufig die nicht vorhandene Akzeptanz der Gesprächspartner.

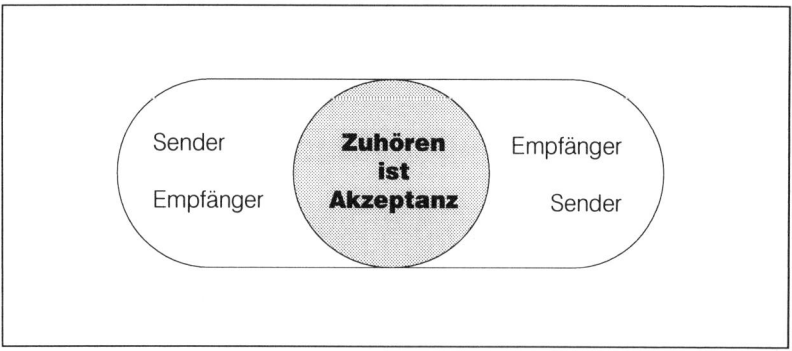

Verstehen wir unter einem Konflikt Streit, stärkere Spannungen und kommunikationshemmende, nicht bereinigte Disharmonien, wird das Bestreben der Unternehmen nach konfliktfreien Gesprächen verständlich. Verbesserte Teamarbeit und Gruppenbewußtsein ist nur über eine offene, ehrliche und von Respekt getragene Kommunikation möglich. Das verlangt von allen betroffenen Personen, die Kommunikation nicht nur zu verstärken, sondern das verbale Verhalten gegenüber Kolleginnen und Kollegen auch sensibler zu entwickeln.

Das Hinhören nimmt dabei einen besonderen Platz ein. Es sei an dieser Stelle darauf hingewiesen, daß eine über die Kunst des Hinhörens gezeigte Akzeptanz auf keinen Fall bedeutet, daß man zu allem ja sagt. Kreativität, Innovation und Fortschritt werden oft durch den lebendigen Austausch unterschiedlicher Meinungen ausgelöst und weiterentwickelt.

In Rhetorikseminaren, in denen die Gesprächsführung trainiert wird, führen die Teilnehmer folgende Übung durch:

Vier Personen entscheiden sich für ein aktuelles Thema, z. B. Arbeitszeitverkürzung, Überstunden, Karriere. Zwei der Personen sind pro, die anderen kontra. Wechselweise redet eine Person aus der Position der Befürwortung und anschließend aus der Position der Ablehnung über das festgelegte Thema. Aufgabe ist es, jeweils die Argumente der Gegenseite zu übernehmen und aufzuzeigen. Wird diese Vorgabe während der Diskussion berücksichtigt, kommt es oft zu einer lebendigen, konfliktfreien Gesprächsführung. Dies wird auch von den Teilnehmern eindeutig bestätigt. Meine Empfehlung: Üben Sie es!

Teil II:

Die überzeugende Rede

1. Die richtige Wortwahl

Erfolgreiche Menschen sprechen über das Machbare. Die nicht erfolgreichen reden über jene Dinge, die sie davon abhalten, es zu
machen.

Die Bedeutung eines Wortes kann sehr unterschiedlich interpretiert werden.
Das heißt, daß dasselbe Wort verschiedene Vorstellungen auslöst. Angenommen, vor einem Kreis von zehn Personen wird das Wort „Liebe" genannt, so wird jeder der Anwesenden seine eigenen Vorstellungen von seiner Bedeutung entwickeln. Für den einen ist es die innige Beziehung zu
Kindern, für den anderen die Bindung an einen anderen Menschen, für den
dritten Sex. Nachstehend ein weiteres Beispiel:

Angenommen, Sie bringen in einem gesellschaftspolitischen Vortrag den
Begriff Wohnzimmer, so wird jede Zuhörerin bzw. jeder Zuhörer mit der
Wahrnehmung des Wortes Wohnzimmer eine gedankliche Verbindung zu
seinem eigenen Wohnbereich herstellen. Bei 20 Zuhörern wird jede Person
nicht nur gedanklich und auch bildhaft sein eigenes Wohnzimmer sehen,
sondern damit auch noch liebgewonnene Verhaltensweisen assoziieren.

Bei einem Vortrag ist es wichtig, daß die anwesenden Menschen die Möglichkeit haben, ihre eigenen Assoziationen zu bilden.

Ist ein Fachvortrag zu stark mit fachspezifischen Informationen gefüllt,
kann der eigene Wissensstand und die damit verbundenen Erfahrungen mit
den neuen Informationen nicht abgeglichen werden, das Interesse wird
erstickt. Viele Referenten haben nach ihrem Vortrag das Gefühl, mit ihren
Ausführungen nicht angekommen zu sein. Sie bezweifeln die Qualität ihrer
Aussagen und gehören dann zu jenen Personen, die mit wenig Motivation
weitere Vorträge präsentieren. In Wirklichkeit haben sie ihr Thema hervorragend dargestellt, aber inhaltlich mit Informationen überfüttert. Auch hier
ist vorab zu klären, welche Vorinformationen die angesprochene Zielgruppe
hat.

Hier ein zweites Beispiel aus dem technischen Bereich:

Angenommen, Sie erklären die Steuerungs- und Funktionsweisen einer Konfektionierungsmaschine für Kleinpackungen bis zu den Füllmengen von 500 Gramm. Selbst dann, wenn viele Ihrer Zuhörer mit einer stark vergleichbaren Technologie arbeiten, wird jede Person ihre eigenen Assoziationen entwickeln. Möglicherweise werden an den betreffenden Konfektionierungsstraßen unterschiedliche Verpackungsformen, Materialien, entsprechende Werbebotschaften, Beipackzettel und Folien verwendet. Immer gilt der Grundsatz: „Weniger ist mehr". Weniger bedeutet auch, das Sprechtempo dem behandelten Gegenstand anzupassen und Details aus den Prozessen genauestens zu beschreiben. Deutliche Pausen bei solchen Vorträgen sind eine wesentliche Voraussetzung für das Gelingen einer Präsentation.

■ **Es ist ein Unterschied, ob der Vortrag mit Hilfe von Medien oder ausschließlich über das gesprochene Wort vermittelt wird.**

Zuhörererwartungen erfüllen

■ **Es ist nicht nur wichtig, was Sie vortragen wollen, sondern genauso wichtig, was den Zuhörer interessiert.**

Stellen Sie sich in diesem Zusammenhang folgende Fragen:

♦ Was erwarten die Zuhörer von meinem Fachvortrag?

♦ Welchen persönlichen Nutzen kann ich den Zuhörern mit meinen Informationen bieten?

♦ Wie ist der Wissensstand der Anwesenden?

♦ Welche praktischen Beispiele aus dem Alltag helfen den Interessierten, die Informationen besser zu verstehen?

Auf diese Punkte können Sie eingehen, indem Sie bei Ihren Ausführungen Folgendes berücksichtigen:

♦ Bei einem Fachvortrag vor Kaufleuten sollten Sie verstärkt technische Informationen vermitteln. Diese können z. B. sein: Informationen aus dem Verfahrensbereich, über neue Technologien, damit verbesserte Qualitätsansprüche usw.

♦ Besteht der Zuhörerkreis überwiegend aus Technikern, sind immer wieder Informationen aus dem kaufmännischen Bereich, zum Beispiel über den Markt, die Mitanbieter, die eigene Position im Markt und zukunftsorientierte Entwicklungen und damit verbundene Verkaufs-strategien von zusätzlichem Interesse.

♦ Grundsätzlich sind bei Fachvorträgen Aussagen über Qualität, Kostenminimierung und Gewinnmaximierung interessant.

♦ Das Profil des Vortrages wird nochmals gesteigert, wenn als Unternehmensziel auch Umweltverantwortung erkennbar wird.

2. Vortragseröffnung und Vortragsende

Viele Redner haben Schwierigkeiten, ihren Vortrag attraktiv zu eröffnen. Hinzu kommt noch eine gewisse Unsicherheit, wie der Zuhörerkreis anzusprechen ist. Die Möglichkeit, daß sich unter den Zuhörern eine Person befinden könnte, die das Thema genauso gut, eventuell sogar noch besser beherrscht als der Vortragende, wirkt häufig beunruhigend. All diesen, oft nur eingebildeten Schwierigkeiten, können Sie aus dem Wege gehen, indem Sie zu Beginn ihres Vortrages die Möglichkeit von Unvollständigkeit einräumen.

Folgende Formulierungen können hilfreich sein:

♦ „Meine sehr geehrten Damen und Herren, ich habe mich auf dieses Thema sehr sorgfältig vorbereitet. Trotzdem halte ich es für möglich, daß Sie auf Grund Ihres Wissensstandes den Vortrag mit interessanten und wichtigen Informationen ergänzen können. Dazu möchte ich Sie am Ende des Vortrages auffordern."

♦ „Meine sehr geehrten Damen und Herren, am Ende meines Vortrages haben wir noch Zeit zu einer gemeinsamen Diskussion. Ich bitte Sie, fehlende, für Sie wichtige Details zu ergänzen, die das Gesamtbild meines Vortrages abrunden könnten."

♦ „Meine sehr geehrten Damen und Herren, sicherlich haben Sie Verständnis dafür, wenn ich bei diesem Zuhörerkreis den Wunsch habe, lieber unter Ihnen zu sitzen, um jemandem von Ihnen zuhören zu können. Ich habe die Bitte an Sie alle, am Ende meines Vortrages Ihre eigenen Erfahrungen und Kenntnisse mit einzubringen."

Solche oder ähnliche Formulierungen drücken die Achtung vor den Zuhörern aus und werden bei den Anwesenden kaum das Bedürfnis entstehen lassen, Sie über Zurufe oder irgendwelche kritischen Bemerkungen aus dem Gleichgewicht zu bringen. Sollten trotz dieser einführenden Worte Zwischenfragen auftreten, so bieten sich Ihnen zwei Möglichkeiten an:

1. Sie antworten sofort, wobei Sie jedoch darauf achten sollten, daß Sie dabei nicht vom Thema abweichen oder bestimmte Aussagen Ihres Vortrages zu früh zur Sprache bringen.

2. Sie schreiben die Frage auf, mit der Bitte, diese am Ende Ihres Vortrages beantworten zu dürfen. In solch einem Fall ist es wichtig, höflich und freundlich zu sein.

Vermeiden Sie Formulierungen wie:

„Ich habe die Aufgabe, zu Ihnen über das Thema XY zu sprechen"

„Ich möchte gerne zu Ihnen über das Thema XY sprechen."

♦ „Sehr geehrte Damen und Herren, ich möchte mich dafür bedanken, daß ich vor Ihnen über das Thema XY sprechen darf."

♦ „Gerne bin ich Ihrer Aufforderung gefolgt, hier vor Ihnen Ausführungen über das Thema XY zu machen."

♦ „Meine Damen und Herren, Sie haben den Wunsch, daß ich hier über das Thema XY spreche."

Besser klingt der Beginn:

„Ziel des folgenden Vortrages ist es, Sie über die derzeitige Situation XY zu informieren."

■ **Der kurze Weg zum Thema ist oft der attraktivere Beginn.**

Vortragsende

Beenden Sie Ihren Vortrag mit einer Aufforderung. Diese Aufforderung kann direkt oder indirekt sein.

Die direkte Aufforderung

♦ Bei der Umsetzung Ihrer eigenen Ideen wünsche ich Ihnen viel Erfolg.

♦ Ich wünsche Ihnen viel Mut und Kraft bei der Realisierung Ihrer eigenen Ziele.

♦ Auch Sie haben die Möglichkeit, an der allgemeinen Weiterentwicklung mitzuwirken.

Die indirekte Aufforderung

♦ Es muß das Anliegen aller sein, das angestrebte Ziel zu realisieren.

♦ Von allen Beteiligten wird, in die Zukunft gesehen, Ausdauer, Kreativität und Entschlossenheit erwartet.

♦ Die erkennbaren Schwierigkeiten sollten uns eine Herausforderung sein und uns nicht de-, sondern motivieren.

Auch heute noch können wir häufig am Ende eines Vortrages die Aussage hören: „Für Ihre Aufmerksamkeit möchte ich mich bedanken." Bitte streichen Sie diese Formulierung aus Ihrem Vokabular. Nicht Sie als Redner, sondern die Zuhörer müßten sich bei Ihnen bedanken, daß Sie den Vortrag gehalten haben, und dies erst recht, wenn Ihr Vortrag gut und informativ war.

3. Das gekonnte Auftreten

Vor Gruppen zu treten und Vorträge zu halten wird für die Rednerin oder den Redner immer wieder ein besonderes Erlebnis sein. Die Intensität des erlebten Stresses hängt davon ab, mit welcher Einstellung Sie sich dem Zuhörerkreis zuwenden.

♦ Ich werde mein Bestes geben, um dem Zuhörerkreis gut aufbereitete Informationen zu vermitteln.

♦ Ich bin offen für Zwischenrufe, auch dann, wenn ich sie erst am Ende meines Vortrages beantworten will.

♦ Ich bin bereit, von allen Anwesenden möglichst viel zu erfahren und zu lernen.

♦ Ich werde an den Stellen, an denen es sinnvoll ist, an den Zuhörerkreis Fragen stellen und zusätzliche Informationen für alle gewinnen.

♦ Ich bin frei von dem Wahn, perfekt zu sein.

♦ Ich bin bereit, mich zu blamieren.

♦ Ich werde mit meinem ganzen Willen und fester Entschlossenheit meinen Vortrag lebendig und dynamisch darstellen.

♦ Mein Vortrag soll insgesamt das Wissen der Zuhörer mehren.

Wer mit solchen offenen und positiven Einstellungen vor eine Gruppe tritt, wird selbst vor kritischen Experten bestehen können.

Folgende negative Gedankengänge können Streß, Unsicherheiten und Ängste verstärken:

♦ Ich muß besser sein als alle zuhörenden Personen.

♦ Ich muß in der Lage sein, alle aufkommenden Fragen fachspezifisch zu beantworten.

♦ Ich darf mir keine Blöße geben.

♦ Ich habe Angst vor Zwischenrufen.

♦ Ich will mich auf keinen Fall blamieren.

♦ Ich muß in den Augen meiner Vorgesetzten und Kollegen gut sein.

Diese und ähnliche Überlegungen sind der sichere Weg, vor einer Gruppe zu versagen. Sie wurden schon manchem hervorragenden Fachmann zum Verhängnis.

Drei Punkte beeinflussen die Qualität eines Vortrags:

Der Redner

Der Inhalt

Die Vortragsart

Erscheinungsbild

In vielen Situationen erweist es sich, daß wir durch das äußere Erscheinungsbild stark beeinflußt werden. Als Vortragender gehört es auch zu meiner Aufgabe, formale Fakten zu berücksichtigen. Auch dann, wenn ich sie nicht für wichtig erachte, können sie meinen Erfolg beeinflussen. Das Erscheinungsbild muß nicht extravagant sein. Sinnvoll ist, wenn es dem Zuhörerkreis angepaßt ist. Vor Handwerkern im Nadelstreifenanzug mit Fliege aufzutreten, ist sicherlich genauso wenig sinnvoll, wie mit Jeans vor Managern. Theoretisch können Sie sich beides leisten, müssen dann aber an anderer Stelle so brillant sein, daß dieser erste Eindruck entsprechend revidiert wird.

Offenheit

Gehen Sie auf Ihre Zuhörer ein, seien Sie offen für Fragen, also auch für Kritik. Seien Sie bereit, aus dem Zuhörerkreis zu lernen. Offenheit ist ein seelisches Empfinden, das auch die Zuhörer spüren und bei Ihnen die Bereitschaft entfaltet, selber offen zu sein.

Selbstbewußtsein

Selbstbewußtsein ist die Fähigkeit des Menschen, zu sich selbst zu stehen. Es steht in kausalem Zusammenhang mit den von uns gelebten Werten. Für einen Redner bedeutet dies zum Beispiel auch, ehrlich in den Ausführungen zu sein. Selbstbewußtsein ist eine innere Stärke, die von der vortragenden Person auch ausgestrahlt wird. Wichtig ist, daß Sie Selbstbewußtsein nicht mit Arroganz verwechseln. Selbstbewußtsein heißt bei Ihnen als Rednerin oder Redner, die volle Verantwortung für alle Ihre Botschaften zu übernehmen. Sie stehen zu dem, was Sie denken und sagen, und sind trotzdem bereit, neue Erfahrungen zu machen.

Wenn wir ein starkes Selbstbewußtsein in uns aufbauen wollen, müssen wir uns aber darüber im klaren sein, daß wir nicht immer perfekt sind. Auch der Mißerfolg kann letztlich dazu beitragen, das Selbstbewußtsein zu stärken. Dies setzt jedoch voraus, daß der Mißerfolg als ein wesentliches Erlebnis, als Lebensbereicherung gesehen und angenommen wird.

Persönlichkeit

Persönlichkeit und Selbstbewußtsein sind miteinander verknüpft. Eine Persönlichkeit zu sein bedeutet, das Ich bewußt zu leben. „Ich bin" ist eine existentielle Aussage und wird getragen von unseren Fähigkeiten, unseren Stärken, unseren Werten, von Lebenspraxis. Stehen Sie zu sich selbst, glauben Sie an Ihre Fähigkeiten und treten Sie sicher und entschlossen auf.

Der Begriff „Persönlichkeit" wird unterschiedlich ausgelegt. Im allgemeinen werden die Person und ihr Charakter erfaßt, oder es werden die Besonderheiten eines einzelnen Menschen umschrieben. Aus der positiven Perspektive verstehen wir unter einer Persönlichkeit einen charakterstarken Menschen, der aufgrund des von ihm gelebten Lebens zum Vorbild für andere wird.

Soziale Kompetenz

In der sozialen Kompetenz spiegelt sich die Einstellung der vortragenden Person zu den Menschen wider. Die Zuhörer erkennen und spüren sehr schnell, ob Ihr Vortrag die Befriedigung Ihres Sendungsbewußtseins ist oder ob Sie über Ihre Informationen das Wissen der Zuhörer mehren wollen, um deren Fähigkeit steigern, Probleme zu lösen und Fragen zu beantworten. Soziale Kompetenz fragt nicht: „Was kann ich aus meinem Vortrag gewinnen?", sondern: „Was kann ich den Zuhörern geben?"

Aktualität

Aktualität erfaßt den Ist-Stand und zeigt zukunftsweisende Entwicklungen auf. Sie hat nichts mit Vergangenheit zu tun. Geschichte in Fachvorträgen ist verpönt.

■ **Eine eventuelle Rückblende darf auf keinen Fall fünf Prozent der Redezeit übersteigen.**

Es sei denn, Ihr Thema ist der Rückblick. Aber auch dann dürfen am Ende die Zukunftsperspektiven nicht zu kurz kommen.

■ **Aktualität bedeutet Entwicklung, Fortschritt, Dynamik, Herausforderung.**

Zuhörererwartungen erfüllen

Stellen Sie sich immer wieder folgende Fragen:

Warum wollen sich Menschen Ihren Vortrag anhören?

Was erwarten diese Personen?

Aus welchen Lebensbereichen kommen die Zuhörer?

Mit welchen Aufgaben sind diese Menschen betraut?

Was müssen Sie als Vortragender bieten, damit die Anwesenden Ihnen gerne zuhören?

Beispiele anführen

Bei längeren Vorträgen, z. B. über 45 Minuten, zeigt sich öfter, daß einige Zuhörer trotz Ihrer guten Ausführungen nicht alles verstanden haben. Praktische Beispiele aus dem Alltag sind eine hervorragende Möglichkeit, die Inhalte der Präsentation nochmals nachvollziehbar zu machen.

Verknüpfen Sie Ihre Ansichten mit diesen Beispielen.

Arbeiten Sie mit Medien.

Haben Sie die Möglichkeit zu visualieren, nutzen Sie diese.

Die Körperhaltung

Die Haltung beschreibt den Körper von der Ferse bis zum Scheitel. Eine nicht sinnvolle Fußstellung bewirkt häufig eine krumme Haltung. Jedes Abknicken in der Hüfte, das Fallenlassen der Schultern, ein Schräghalten des Kopfes sind Körpersignale, die durchaus sympathisch wirken können, aber nicht unbedingt die Überzeugungskraft der vortragenden Person stärken.

Eine gerade Haltung entwickelt in unserem Körper auch eine andere Spannung. Diese Spannung hat einen Einfluß auf die Vitalität unserer Stimme und häufig auch auf die Ausdruckskraft der Sprache. Bei einer Rede eine gute Haltung einzunehmen ist eine Frage des Willens. Hierunter verstehen wir: Oberkörper gerade, Brustbein raus, sich bewußt dem Zuhörerkreis zuwenden. Diese Haltung wirkt überzeugend und wird sich auf die Qualität des Vortrags auswirken.

■ **Die Körperhaltung wird immer auch das seelische Empfinden der vortragenden Person zum Ausdruck bringen.**

Verschränkte Arme, überkreuzte Beine, fehlender fester Stand, ein Schräghalten des Kopfes sind Signale innerer Unsicherheit oder anderer unkontrollierter Empfindungen.

Der Stand

Der Stand erfaßt ausschließlich die Position der Füße. Grundsätzlich sollen die Füße schulterbreit nebeneinanderstehen und ganzflächig den Boden berühren. Die Position des Nebeneinander kann individuell verändert werden. Das heißt: Sie können abwechselnd den rechten Fuß oder den linken Fuß weiter nach vorne stellen.

Auf keinen Fall dürfen Sie die Füße verschränken. Die Forderung an die vortragende Person, mit beiden Sohlen auf dem Boden zu stehen, hat einen physiologischen Hintergrund. Wer jemals in seinem Leben eine wirklich gute Massage erfahren hat, weiß, daß in unserer Fußsohle Reflexzonen sind. Diese über die gesamte Fußsohle verteilten Reflexzonen haben Kontakt zu allen menschlichen Organen.

Mit den Fußsohlen ganzflächig auf dem Boden stehen bedeutet, eine stärkere Verbindung zu seinem ganzen Inneren zu entwickeln. Auf den Außenkanten seines Schuhwerkes zu balancieren oder ständig auf den Fußspitzen zu wippen hat zur Folge, daß der Redner sich seiner inneren Stabilität beraubt.

Nicht umsonst sagen wir: Die Füße des Menschen sind vergleichbar mit beweglichen Wurzeln. Ein Baum steht, weil er fest verwurzelt ist. Eine Rednerin oder ein Redner steht sicher und fest, wenn beide Sohlen auf dem Boden ruhen.

Die Gestik

Die Gestik umfaßt das aktive Verhalten unserer Arme und Hände. Arme und Hände als Instrument der Rhetorik sind starke Körperbotschaften unseres seelischen Erlebens. In Rhetorikkursen ist sehr häufig zu beobachten, daß Teilnehmer am Anfang ihre Hände hinter den Rücken legen, sie hängen lassen oder an den Körper pressen, um so Unsicherheit zu überwinden, wodurch sie erst recht sichtbar wird. Je mehr innere Hemmungen abgebaut werden, desto natürlicher wirkt der Einsatz der Gestik. Zunächst zaghaft, dann immer deutlicher, oft schon nach kurzer Zeit, befinden sich die Hände in Höhe unseres Solarplexus und werden locker und sprachunerstützend eingesetzt.

In vielen Fernsehsendungen, in denen Sportjournalisten moderieren, aber auch in anderen Shows, werden Sie beobachten können, daß sich die Hände häufig eine Handbreit über dem Nabel befinden und hier aktiv eingesetzt werden. Für viele Rednerinnen und Redner ist es zunächst ungewohnt, die Unterarme 90 Grad anzuwinkeln. Haben Sie nach mehreren Auftritten an Sicherheit gewonnen, werden die Hände in diesem Bereich automatisch sprachunterstützend genutzt. Die moderne Rhetorik schlägt vor, die Gestik im Allgemeinen schulterbreit und bis Brusthöhe in Aktion einzusetzen. Dies kann mit einem Arm und einer Hand, aber auch mit beiden Armen und Händen geschehen.

Die Mimik

Die Mimik ist der Gesichtsausdruck eines Menschen. Sie gehört zu den Ausdrucksformen der Körpersprache, wird jedoch im allgemeinen getrennt analysiert. Im Gesicht eines Menschen spiegelt sich sein Leben wider. Bestimmte Gesichtszüge sind Ausdruck der gelebten Vergangenheit. Wir alle kennen die Gesichtspartie der Mundwinkel. Erfahrungsgemäß sagen wir, daß Mundwinkel, die aufwärts zeigen, eine positive Lebenseinstellung erkennbar machen. Mundwinkel, die nach unten gerichtet sind, signalisieren eher eine negative.

Sicherlich haben Sie auch erlebt, daß Menschen mit pessimistischen Mundwinkelzügen lustige, fröhliche und ausgelassene Personen sein können. Dies bedeutet, daß sich im Gesicht nicht nur die Vergangenheit widerspiegelt, sondern auch die Gegenwart zeigt. Mimik ist in hohem Maße Ausdruck unseres Stimmungsbildes im Jetzt und Hier.

Bei Vorträgen vor Gruppen ist es wichtig, daß die vortragende Person ein positives Stimmungsbild in sich entfaltet. Dies kann dadurch entstehen, daß wir uns von jeglichen Feindbildern, die wir über Kritik, unerwünschte Fragen und Mißfallenskundgebungen während der Präsentation aus dem Zuhörerkreis erwarten, freimachen. Es sind immer wieder die Ängste vor dem Ungewissen und die Befürchtung, sich zu blamieren, die bei Rednerinnen und Rednern gesteigerten Streß auslösen. Diese Befürchtungen spiegeln sich in der Mimik wider und werden dementsprechend auch von den Zuhörern wahrgenommen.

Hier ein Tip:

■ **Wenn Sie den Wunsch haben, ruhig und gelassen aufzutreten, seien Sie bereit, sich auch zu blamieren.**

Mit der Risikobereitschaft für potentielle Blamagen wächst die Fähigkeit, von anderen zu lernen. Diese Einstellung, bewußt praktiziert, macht Sie locker und sympathisch. Außerdem wird es mit dieser Einstellung keine Situation geben, aus der Sie nicht souverän Ihren Weg finden. Freuen Sie sich und seien Sie glücklich, wenn Sie die Chance haben und die Fähigkeit besitzen, vor anderen Menschen aufzutreten und wesentliche Gedanken auszusprechen.

Der Blickkontakt

Der Blickkontakt in Verbindung mit der Sprache wird oft nicht richtig eingeschätzt. Tatsache ist jedoch, daß der Augenkontakt für die Kommunikation sehr wichtig ist. Besonders bei Vorträgen sollte die sprechende Person ihre Blicke in einer ruhigen Weise immer wieder zu einzelnen Zuhörern hinwenden. Auch dann, wenn Sie einen Zuhörerkreis von 50, 100 oder mehr Personen vor sich sehen, ist es von großer Bedeutung, Ihre Blicke von rechts nach links, von links nach rechts, von vorne nach hinten gleiten zu lassen. Die Zuhörer gewinnen so den Eindruck, daß Sie nicht nur mit der Sprache, sondern auch mit Ihrem Wollen bei ihnen sind. Das Sprichwort: „Schaust du drunter, schaust du drüber, geht alles vorüber", hat hier seine Gültigkeit. Wir können nicht nur über das gesprochene Wort Menschen stark beeinflussen, sondern auch über das „Wie".

Vergleichbare zwischenmenschliche Prozesse werden auch über den bewußten Augenkontakt entwickelt. Nicht nur der Flirt ist getragen von unseren Blicken, sondern auch die persönliche Übermittlung von Nachrichten wird über unseren Blickkontakt beeinflußt. Das bewußte Hinschauen wird bei der betreffenden Person entsprechende Reaktionen auslösen. Es gibt heute viele Menschen, die relativ wenig von ihrem Umfeld wahrnehmen. Ursache hierfür ist das fehlende bewußte Hinschauen. Für eine Rednerin bzw. einen Redner ist der Augenkontakt zum Zuhörerkreis ein entscheidender Weg, eine seelische Verbindung herzustellen. Über den Blickkontakt können Sie außerdem feststellen, welche Reaktionen Sie mit Ihrer Darstellung auslösen.

Häufig lassen sich Redner von bestimmten Verhaltensweisen der Zuhörer negativ beeinflussen. Diese können sein:

♦ An einer Stelle im Zuhörerkreis wird gelacht,

♦ an einer anderen Stelle sprechen zwei oder drei Personen miteinander,

♦ andere Personen schütteln den Kopf.

Diese und ähnliche Reaktionen sollten beim Redner Wachsamkeit auslösen, aber nicht unbedingt als negative Botschaften bewertet werden. So kann Lachen entstehen, weil ein Zuhörer eine Aussage von Ihnen aufgreift, sie mit einem heiteren Gedanken ausschmückt. Die dann von Ihnen festgestellte Heiterkeit bedeutet jedoch nicht, daß man Sie oder das Gesagte lächerlich findet.

Ebenso kommt es vor, daß während eines Vortrags Gespräche zwischen zwei, manchmal auch mehreren Personen stattfinden. Auch hier muß es sich nicht um Kritik handeln. Es sind oft spontane Äußerungen, in denen interessante Details des Referats mit eigenen Erfahrungen verknüpft werden.

Auch das Kopfschütteln ist ein Hinweis darauf, daß die betreffende Person Ihren Ausführungen konzentriert folgt. Als vortragende Person sollten Sie grundsätzlich nicht davon ausgehen, daß all Ihre Äußerungen den persönlichen Erfahrungen der einzelnen Zuhörer entsprechen. Hier ein Beispiel aus eigener Erfahrung:

Vor einer Gruppe junger Menschen habe ich während eines Seminars mit dem Titel „Kommunikation und Persönlichkeitsentfaltung" über das The-ma referiert: Eigenverantwortung – Selbstbestimmung. Ein wesentlicher Bestandteil meines Vortrags war das Zusammenspiel von Geist, Seele, Körper in der menschlichen Natur. Nachdem im Zuhörerkreis eine stärkere Unruhe auftrat, habe ich meinerseits diese Botschaft als Desinteresse aufgefaßt und die Länge meines Vortrags um etwa ein Drittel gekürzt.

Dementsprechend erstaunt war ich am Ende des Seminars, als die Gruppe sehr massiv zum Ausdruck brachte, daß sie gerne noch mehr über das Thema gehört hätte. Ich hatte die Situation völlig falsch interpretiert.

Etwas Ähnliches konnte ich auch feststellen, als ich in einem anderen Vortrag häufig redende Personen nach dem Grund ihres Verhaltens fragte. Hier stellte sich ebenfalls eine positive Ursache heraus. Meine Aussagen entsprachen an vielen Stellen den Erfahrungen dieser Menschen, und ihr Sprechen war Ausdruck von Zustimmung.

Die Sprache

Wie schon erläutert, ist Sprache Ausdruck unseres Geistes, unserer Gefühle und unseres Willens. Es ist für jeden von uns wichtig, zu kontrollieren, wie wir uns verbal verhalten. So wie wir sprechen, so denken wir auch. Die Fähigkeit des Menschen, Gedanken zu produzieren und sie sprachlich zu formulieren, ist eine der wunderbarsten Fähigkeiten, die uns Menschen auszeichnet. Sicherlich haben wir die Möglichkeit, Wahrheit zu manipulieren und reale Situationen sprachlich zu verzerren. Aber auch solche Äußerungen sind ein Spiegelbild unseres Denkens. In unserer Sprache zeigen sich die von uns gelebten Werte, unsere Weltanschauung, unsere Kompetenz zu bestimmten Lebensfragen, aber auch die Qualität, mit der wir den Alltag meistern.

Entsprechend ist es wichtig, zu kontrollieren, worüber wir im Ablauf eines Tages reden. In der Kommunikation mit anderen können wir am ehesten erfahren, wie wir das Geschehen unseres Lebens bewerten. Die Selbstkontrolle soll uns zeigen, was und wie wir denken und reden. Die Chance der Selbstkontrolle bietet sich am Abend eines jeden Tages. Werden wir uns bewußt:

♦ Der Pessimist wird auch über seine Sprache Pessimismus verbreiten.

♦ Der Problemorientierte wird sich gerne über seine Probleme unterhalten.

♦ Der kritische Mensch wird oft Kritik üben.

♦ Der Optimist wird sich verbal lebensbejahend äußern.

♦ Ein glücklicher Mensch wird über seine Sprache Freude ausstrahlen.

Stellen Sie sich immer wieder die Frage: „Wie rede ich?", und Sie werden in dieser Selbstanalyse erfahren, wie Sie denken. Wie gehen Sie z. B. mit negativen und positiven Reizworten um? Sind die von Ihnen gebrauchten Worte motivierender Art, oder haben sie eher demotivierenden Charakter? Nennen Sie die Dinge beim Namen, oder sind Sie eine Person, die lieber umschreibt und deshalb wenig Klarheit zum Ausdruck bringt?

Darüber hinaus wird Sprache auch von der deutlichen Aussprache getragen. Hierunter ist zu verstehen:

♦ Wie klar und deutlich artikulieren Sie Endsilben? Sprechen Sie z. B. durch die Zähne, oder nuscheln Sie?

♦ Atmen Sie ruhig und tief ein und aus. Entwickeln Sie über Ihren Atem einen natürlichen Sprechrhythmus. Dadurch erlangen Sie automatisch die Sprechpausen, die dem Zuhörer die Möglichkeit geben, die erhaltenen Informationen zu verarbeiten.

♦ Zu leises Sprechen mindert ebenfalls die Qualität der Sprache.

Die Stimme

Die Stimme ist Ausdruck unserer Stimmung. Wir wissen, daß eine Botschaft vier Aspekte beinhaltet. Einer davon ist die Beziehungsebene. Über sie wird unsere Stimme bzw. Stimmung erkennbar.

■ Es gibt keine Äußerungen von Menschen, die nicht auch einen Teil der Stimmung bzw. Beziehung zu dem Gesprochenen ausdrücken.

Menschen, die glauben, sie könnten ihre Stimme so manipulieren, daß das seelische Stimmungsbild nicht erkennbar wird, machen sich selbst etwas vor.

4. Aufbau und Strukturierung einer Rede

Es kommt immer wieder vor, daß Vortragsinhalte unbeabsichtigt wiederholt werden. In manchen Fällen wird das Vortragsende zerredet. Einen Rede gliedern bewirkt auch beim Redner, Klarheit für sein Thema zu entwickeln. Bestimmte Gedanken werden dem Anfang, andere dem Ende zugeordnet.

Die konzeptionelle Gestaltung des Vortrags bringt folgende Vorteile:

♦ Der gesammelte Stoff zum Vortragsthema läßt sich leichter zuordnen,

♦ die Gefahr von Wiederholungen ist geringer,

♦ strukturiertes Vorgehen gibt dem Redner Sicherheit,

♦ die Botschaften sind für den Zuhörer übersichtlicher und leichter zu verfolgen,

♦ ein gutes Konzept ist für jeden Vortragenden ein Garant für den Erfolg.

In den folgenden Ausführungen finden Sie Konzepte, die erfahrungsgemäß ein hervorragendes Gerüst für strukturierte und gut verständliche Reden sind.

5. Die 3-Punkte-Rede

Die 3-Punkte-Rede ist ein einfaches Hilfsmittel, Sachgegenstände und Sachverhalten und systematisch zu interpretieren. Sie kann in ihrer Gliederung für die Darstellung eines einfachen Gegenstandes genau so sinnvoll eingesetzt werden wie für die Beschreibung einer komplizierten Maschine.

Die drei Punkte sind:

1. Erklärung,

2. Verwendung,

3. Wert

1. Punkt: Erklärung

Hier wird der betreffende Gegenstand in seinen unterschiedlichen Formen, Materialien, Verarbeitungen und Funktionen definiert.

2. Punkt: Verwendung

Hierunter verstehen wir alle Einsatzmöglichkeiten des betreffenden Gegenstandes.

3. Punkt: Wert/Nutzen

Dieser dritte Punkt ist der wichtigste. Davon ausgehend, daß wir grundsätzlich immer nur den Nutzen eines Gegenstandes als wichtig empfinden, wird dieser Teil den eigentlichen Höhepunkt des Gesprächs oder des Vortrags ausmachen. Nachstehend ein Beispiel:

Angenommen, Sie wollen eine neue Generation von Förderbändern über einen Fachvortrag vorstellen, so werden Sie zunächst die Technologie und all die technologisch gelagerten Variationsmöglichkeiten ansprechen. Dazu gehören z. B. Länge des Förderbandes, Breite, Anzahl der Rollen, Antriebsstärke des Motors, Beschaffenheit und Strapazierfähigkeit des Förderbandes und eventuell noch das Gewicht und das attraktive Aussehen.

Erst danach gehen Sie den zweiten Schritt und bringen die unterschiedlichen Einsatzgebiete bzw. Verwendungsmöglichkeiten zur Sprache.

Der dritte und letzte Punkt ist zugleich auch der Höhepunkt Ihrer Darstellungen, indem Sie möglichst an praxisnahen Vorgängen den Wert und Nutzen dieser Technologie herausstellen. Diese können z. B. sein: Schnellig-
keit, Fördermenge, Sicherheit, Flexibilität, Widerstandsfähigkeit, geringe
Wartung usw. Vom Grundsatz her entspricht die 3-Punkte-Rede einem gut
geführten Verkaufsgespräch. Über die Produkt-Nutzen-Argumentation ist
dann der Weg zum Abschluß gesichert.

6. Die 5-Punkte-Rede

Die 5-Punkte-Rede ist eine sehr gute Möglichkeit, abstrakte Begriffe und gesellschaftspolitische Themen gekonnt zu präsentieren.

Diese fünf Punkte sind:

1. Erklärung,

2. Formen,

3. Gegensätze (Pro und Kontra),

4. beweisführendes Beispiel,

5. Aufforderung /Ablehnung.

Beispiele für abstrakte Begriffe sind Freude, Liebe, Erfolg, Leid, Haß, Eifersucht, Frieden;

Beispiele gesellschaftspolitischer Themen sind: „Die Frau im Spannungsfeld zwischen Beruf und Familie", „der christliche Glaube in unserer Zeit", „Rauschgiftprobleme, ein Spiegelbild abendländischer Kultur", „Weiterbildung, ein sicherer Weg für den beruflichen Erfolg", „Teamarbeit als Unternehmensziel".

Einen Realitätsbezug herstellen

Hier bieten sich Beispiele aus dem gesellschaftspolitischen Leben oder aus bestimmten Bereichen der Industrie an.

Bei einem Vortrag über Mobbing kann die Eröffnung zum Beispiel folgendermaßen sein:

„Sehr geehrte Damen und Herren, das Thema Mobbing hat in den letzten Jahren in der Industrie deutlich an Aktualität zugenommen. Die Sensibilität der berufstätigen Menschen gegenüber unberechtigten, oft übertriebenen Angriffen bis hin zu Diffamierungen ist groß."

1. Punkt: Erklärung

Hier wird der betreffende Begriff bzw. das Thema näher erklärt. Unter Mobbing verstehen wir die negativ ausgerichtete Kommunikation über andere, nicht anwesende Personen. Die Gespräche finden nicht nur einmal, sondern über unbestimmte Zeit immer wieder statt. Einzelne Kolleginnen oder Kollegen werden von kleineren oder größeren Gruppen gezielt zu Opfern gemacht. Wie stark dabei die Wahrheit verändert und manipuliert wird, ist sicherlich unterschiedlich, aber wesentlicher Bestandteil von Mobbing. Darüber hinaus spielt es sich auch häufig auf der Agitationsebene ab, indem z. B. Arbeitsunterlagen verschwinden oder Dokumente nicht weitergeleitet werden.

2. Punkt: Formen

Wie und wo begegnet uns der Begriff bzw. das Thema in seinen vielfältigen Formen in unseren unterschiedlichen Lebensbereichen? Mobbing begegnet uns am Arbeitsplatz, in Schulen, in Vereinen und anderen Interessengemeinschaften, in Nachbarschaften und Bekanntenkreisen. Die negativen Botschaften werden über persönliche Gespräche und Telefonate, aber auch schriftlich verbreitet.

3. Punkt: Gegensätzliche Standpunkte

Der dritte Punkt bietet alle Möglichkeiten, das Thema von den verschiedensten Seiten her zu beleuchten. Wenn wir bei Punkt drei von einem Für und einem Wider sprechen, dann heißt dies, daß z. B. bei einem Vortrag mögliche Gegenargumente aufgegriffen und im voraus widerlegt werden. Beim Thema Mobbing können Sie als Punkt 'für Mobbing' die Freude an Diffamierung aufführen. Schließlich ist es interessant, über andere Menschen zu schimpfen und dabei seine eigene Unzulänglichkeit zu ignorieren. Mobbing am Arbeitsplatz ist für das Betriebsklima, die Leistungsfähigkeit eines Teams und den Erfolg des Unternehmens äußerst gefährlich.

Der dritte Punkt dieser 5-Punkte-Rede ist der Teil eines Vortrags, in dem das betreffende Thema in seiner ganzen Tiefe erfaßt und interpretiert werden kann.

4. Punkt: Ein beweisführendes Beispiel

Zunächst müssen Sie sich entscheiden, ob das von Ihnen gewählte Beispiel den verneinenden Teil Ihres Vortrags oder aber den bejahenden Teil stärken soll. Davon ausgehend, daß Sie gegen Mobbing sind, werden Sie ein Beispiel wählen, das die gesamte Boshaftigkeit von Mobbing widerspiegelt.

5. Punkt: Aufforderung oder Ablehnung

Die direkte Aufforderung gegen Mobbing kann folgendermaßen lauten:

„Meine sehr geehrten Damen und Herren, es ist die Aufgabe eines jeden Menschen, sich mit aller Konsequenz gegen Mobbing einzusetzen." Jedes offene und klärende Gespräch kann Konflikte vermeiden und das Miteinander stärken. Ein wesentliches Gebot das Mobbing verhindern hilft, ist Achtung und Toleranz vor dem Nächsten.

Auch hier gilt wieder der Grundsatz, daß eine Aufforderung, auch in Form einer Ablehnung, wesentlich nachhaltiger ist, als sich für das Zuhören zu bedanken.

7. Die 10-Punkte-Rede

Ein Fachvortrag kann als ein Projekt definiert werden das je nach Bedeutung eine entsprechende Vorbereitungszeit verlangt. Folgende Struktur kann als Basis für viele Fachvorträge dienen:

1. Über welches Thema will ich sprechen, und was will ich mit meinem Vortrag erreichen?

2. Welche Situation liegt vor? Positive und negative Fakten nennen.

3. Wie können die Stärken gefestigt bzw. noch verbessert werden?

4. Wie lassen sich die erkannten Schwierigkeiten lösen?

5. Wer muß in die Veränderungsprozesse mit eingebunden werden?

6. Welche Informationen sind wo zu beschaffen und an wen weiterzuleiten?

7. Wie ist das Thema markt- und gesellschaftspolitisch einzubinden?

8. Welche realen Ziele stehen an und wie sind sie zu kontrollieren?

9. Was geschieht bei Erreichung der Ziele?

10. Herausfordernder, motivierender, zukunftsorientierter Abschluß.

Die hier aufgelisteten zehn Punkte können von Ihnen in der Reihenfolge variiert und auch zusammengefaßt werden. Andererseits bieten Ihnen diese zehn Punkte eine Chance, Ihren Vortrag abgerundet und überzeugend zu präsentieren. Diese rhetorische Strukturierung eignet sich für ein Thema wie die kommende Euro-Währung genauso wie für einen Vortrag über Teamverhalten, Kostenbewußtsein oder Organspenden.

1. Punkt: Über welches Thema will ich sprechen, und was will ich mit meinem Vortrag erreichen?

Zum Beispiel: Bereinigung der vorhandenen Produktpaletten mit dem Ziel, die nicht mehr aktuellen, wenig gewinnbringenden oder sogar nur Kosten verursachenden Produkte zu eliminieren.

2. Punkt: Welche Situation liegt vor?

Die gesamte Palette besteht aus 122 Produkten, die sich in fünf Produktgruppen aufgliedern. Positiv ist, daß 25%, also 30 Produkte, 77% des Umsatzes ausmachen. Negativ ist die Feststellung, daß die restlichen 92 Produkten ca. 50% der Lagerhaltung beanspruchen und überdimensionale Kosten verursachen.

3. Punkt: Wie können die Stärken gefestigt bzw. noch verbessert werden?

Eine genaue Analyse muß ergeben, welcher der 30 Umsatzträger zu gleicher
Zeit auch am stärksten am Gewinn beteiligt ist. Weiterhin ist zu ermitteln,
wie die Marktpräsenz der Produkte noch verbessert werden kann.

4. Punkt: Wie lassen sich die erkannten Schwierigkeiten lösen?

Welche der 92 Produkte können aus dem Sortiment herausgenommen werden, und wie viele Produkte sind für die Unterstützung der Umsatzträger zu
erhalten? Was kann bei manchen Produkten, z. B. über veränderte Verpak-
kungseinheiten oder Verpackungsgestaltung positiv beeinflußt werden?

5. Punkt: Wer muß in die zu verändernden Prozesse mit eingebunden werden?

Diese Frage betrifft die Marketingabteilung, den Verkauf, die Produktion,
den Bereich Logistik, aber auch Anwendungstechnik, Forschung und Controlling.

6. Punkt: Welche Informationen sind wo zu beschaffen und an wen weiterzuleiten?

Die notwendigen Informationen sind teilweise bei den in Punkt 5 genannten
Stellen zu beschaffen. Weitere Details sind über den Außendienst, aber
auch über Marktforschungsgruppen zu besorgen und an die entsprechenden
Entscheidungsträger weiterzuleiten.

7. Punkt: Wie ist das Thema markt- und gesellschafts-politisch einzubinden?

An dieser Stelle ist die Position der Produkte auf dem Markt und ihre ent-sprechenden Anteile zu nennen. Wie erfährt der Verbraucher von den Pro-dukten auf dem Markt, und welchen Nutzen hat er von ihnen?

8. Punkt: Welche realen Ziele stehen an und wie sind sie zu kontrollieren?

Das Ergebnis aller Produkte liegt zur Zeit bei einem Gewinn nach Steuern unter 2 Prozent. Ziel ist es, den Gewinn auf 4,5 Prozent bis 5,5 Prozent zu erhöhen. Über die Kontrolle wird die fortschreitende Analyse des Produkts-ortiments und dessen Verkleinerung beobachtet und beeinflußt. Dabei sind die vorgegebenen Zeitfaktoren zu berücksichtigen.

9. Punkt: Was geschieht bei Erreichung der Ziele?

Möglich sind zum Beispiel Investition in eine neue Produktionsstraße oder eine Verstärkung des Außendienstes.

10. Punkt: Herausfordernder, motivierender, zukunfts-orientierter Abschluß

Die Ziele sind nur über verstärkte gemeinsame Anstrengungen zu erreichen. Dies verlangt von jedem einzelnen mehr Kreativität, mehr Einsatz und einen intensiveren Informationsaustausch. Die Erfolge der Vergangenheit auf bestimmten Gebieten sollten Mut machen, alle offenen Fragen mit Kraft und Entschlossenheit anzugehen.

8. Der Fachvortrag vor Laien

Kennzeichen dieser Vortragsart ist, daß die zuhörenden Menschen fachlich wenig vorbelastet sind. Eine Überfütterung mit sachspezifischen Informationen wird sehr schnell Blockaden auslösen. In einem Vortrag vor Laien ist es wichtig, den Bezug zum Alltag der anwesenden Menschen zu finden. Erst dann wird der Vortrag für das Publikum interessant und lebendig. Für Fachvorträge, die firmenintern abgehalten werden, bietet sich folgendes rhetorische Gerüst an:

1. Firmenprofil als Einleitung

2. Produkte-, Produktgruppen

3. Herstellungsverfahren/Technik

4. Einsatzgebiete und Wirkung der Produkte

5. Marktsituation allgemein, Wettbewerb, Bedeutung der Firma auf dem Markt

6. Zukunftsorientierte Firmenpolitik

1. Firmenprofil als Einleitung

Hier können in kurzer Form Informationen über die Größe, Bedeutung und Struktur des Unternehmens angesprochen werden.

2. Produkte und Produktgruppen

Unter diesem Punkt werden die Schwerpunkte der Produkte dargestellt, zum Beispiel für die Automobilindustrie, Lebensmittelbranche oder Pharmaindustrie. In einem Unternehmen mit Diversifikationsprodukten, d. h. mit sehr unterschiedlichen Leistungen, ist darauf zu achten. daß der Zuhörer nicht mit Informationen überfüttert wird. Bei einem Chemiekonzern mit zehntausend Verkaufsprodukten kann die vortragende Person Produktgruppen global nennen und davon drei, die für den Zuhörerkreis interessant sind, näher definieren.

3. Herstellungsverfahren

Auch für einen Laien kann es interessant sein zu erfahren, auf welchem Weg und unter welchen Bedingungen die Produkte hergestellt werden. An dieser Stelle können neue Technologien, innovative Prozesse und vor allen Dingen auch umweltfreundliche Entwicklungen herausgestellt werden.

4. Einsatzgebiete und Wirkung der Produkte

Hierbei ist es für den Laien wichtig, mit den Einsatzgebieten auch eine Verbindung zum Alltagsleben herstellen zu können. Ein Produkt, das in den Bereich der Pharmazie gehört, sollte so erklärt werden, daß der Kunde auch die Informationen über die Zielgruppe Patient erhält. So kann es im Falle eines Kreislaufmittels von Interesse sein zu erfahren, welchen speziellen Einfluß das Präparat auf das Kreislaufsystem nimmt.

Wünschen Sie der gewürdigten Person eine gute Zukunft. Hier können Sie auch Forderungen nennen. Zum Beispiel: „Sehr geehrter Herr XY, die derzeitige Situation des Unternehmens verlangt von uns allen die Bereitschaft, all unsere Fähigkeiten und Ressourcen teamorientiert einzubringen. Auch Ihnen wünsche ich den Mut und die Kraft, mit Ihrem gesunden Optimismus wie bisher aktiv mitzuwirken."

5. Marktsituation allgemein

Hier wird die aktuelle Marktsituation dargestellt. Ist z. B. ein starker Wettbewerb vorhanden, gibt es viele Mitanbieter? Hat das Unternehmen mit speziellen innovativen Produkten eine Sonderstellung auf dem Markt, sollte dies herausgestellt werden. Als Redner haben Sie hier nochmals die Möglichkeit, auf die Bedeutung von Qualität, Service und kundenorientiertem Denken und Handeln hinzuweisen.

6. Zukunftsorientierte Firmenpolitik

Es ist wichtig herauszustellen, daß sich das Unternehmen als ein Teil der Gesellschaft sieht, mit dem Ziel, über innovative Produktpolitik nicht nur Arbeitsplätze zu sichern, sondern über die erbrachte Leistung die Lebensqualität anderer Menschen zu verbessern. Dieser Punkt soll den Abschluß des Vortrags bilden.

In Deutschland gibt es sehr viele Unternehmen, für die das Thema Umwelt zu einem Unternehmensziel geworden ist. Ebenso bieten sich Punkte wie Qualitätsbewußtsein, verbraucherorientiertes Denken und Handeln und Unternehmenskultur an. Solche Ziele können immer wieder in Fachvorträge mit eingebracht werden. Wichtig: Ehrlichkeit wird gefordert.

Wie bereits gesagt, ist es bei Vorträgen vor Laien wichtig, eine Brücke zum alltäglichen Leben der Zuhörer zu schaffen. Angenommen, Sie erklären unter Punkt zwei, daß Sie Hersteller von Riechstoffen sind, so sagt diese Aussage dem Laien sehr wenig. Wenn Sie jedoch die Zusatzinformation geben, daß viele Waschmittel einen minimalen Prozentsatz verschiedener Riechstoffe beinhalten, die nach dem Waschen und Trocknen als wohlempfundener Duft an der Wäsche verbleiben, kann dies eine Brücke zur Alltagswelt der Zuhörer schlagen. Mit einer gewissen Mühe und Sorgfalt kann jede Leistung und jedes Produkt direkt oder über Umwege in das Leben der Zuhörer integriert werden.

9. Der Fachvortrag vor Kollegen

In vielen Unternehmen wird der Informationsfluß bewußt gesteuert. Ziel ist es, ein abteilungsübergreifendes Verständnis zu entwickeln und team-orientiertes Denken und Handeln zu verbessern. Vor allen Dingen in der Mittel- und Großindustrie ist es üblich, daß das gegenseitige Informieren durch Fachvorträge geschieht. Arbeiten Sie zur Veranschaulichung mit Medien. Beachten Sie dabei, daß Ihre Zuhörer die präsentierten Informationen meist schnell und gründlich erfassen. Daher sollten Sie nebensächliche Details weglassen, dafür aber aktuelle Informationen, z. B. aus Produktionsprozessen und Marktveränderungen einbringen. Achten Sie darauf, daß Sie inhaltlich den Erwartungen Ihres Zuhörerkreises gerecht werden.

Die Gliederung Ihres Vortrags kann folgerndermaßen aussehen:

1. Globale Erfassung des Aufgabengebietes, Ziel des Vortrages erkennbar machen

2. Vernetzung des Aufgabengebietes mit internen und externen Unternehmensbereichen

3. Auflistung der Produkte bzw. der Leistungen

4. Interne Situation

5. Bisherige Entwicklung, Umsatz, Absatz

6. Marktsituation

7. Zukunftsperspektiven auf der Sachebene

8. Zukunftsperspektiven auf der kollegialen Ebene

9. Ziele

1. Globale Erfassung des Aufgabengebietes

In wenigen Sätzen wird die eigene Aufgabe bzw. die Aufgabe des Teams genannt. Ein objektives Informieren ist in der Begegnung von Kolleginnen und Kollegen wichtig.

2. Vernetzung des Aufgabengebietes mit internen und externen Unternehmensbereichen

Wir sprechen heute im internen Bereich von einem Lieferanten-Kundenverhältnis. Das heißt: Sie bekommen als Kunde Leistungen aus anderen Abteilungen bzw. aus dem eigenen Kollegenkreis. Nach Einbringen der eigenen Kompetenzen geben Sie als Lieferer Ihre Leistung an eine andere Abteilung, die Kunde ist, weiter. Angenommen, Sie erhalten diverse Informationen über EDV-Pipelines, die Sie zur Erfüllung Ihrer Leistung benötigen, so besteht auch hier eine Vernetzung zwischen Kunde und Lieferant. Dieses Eingebundensein in die unternehmerischen Prozesse ist in Ihrem Vortrag zu verdeutlichen.

3. Auflistung der Produkte bzw. der Leistungen

Für welche Produkte, bzw. Dienstleistungen sind Sie und das Team zuständig? Eine Auflistung nach ABC-Prioritäten ist sinnvoll. A sind die größten Produkte, B die mittleren und C die kleinen. An dieser Stelle können auch Besonderheiten der einzelnen Produkte herausgestellt werden. Solche Detailinformationen gehen häufig über das Allgemeinwissen der Kollegen hinaus und sind deshalb von besonderem Interesse.

4. Interne Situation

Erklären Sie, an welchen Stellen es Engpässe, Schwierigkeiten und Probleme im internen Bereich gibt. Nennen Sie alle Fakten, die das Zusammenarbeiten mit den betroffenen Abteilungen attraktiv macht.

5. Bisherige Entwicklung, Umsatz, Absatz

Präsentieren Sie Zahlen, die die Umsatz- und die Absatzentwicklung widerspiegeln, Schwankungen in den positiven wie negativen Bereich sind zu interpretieren und zu begründen.

6. Marktsituation

Es gibt in keinem Unternehmen eine Leistung, die nicht an irgendeiner Stelle zum Markt hin transferiert wird. Dies kann direkt oder indirekt über

die Vernetzung mit anderen Abteilungen erfolgen. Weiterhin sollte die
Position zum Markt verdeutlicht und die Mitanbietersituation transparent
gemacht werden.

7. Zukunftsperspektiven auf der Sachebene

Der Erfolg eines Teams, einer Abteilung und des Unternehmens ist nur
dann möglich, wenn das Spiel der Kräfte sich zu einem Ganzen vereint.
Sprechen Sie hier den Wunsch nach mehr Zusammenarbeit und einer intensiveren Kommunikation mit einem verbesserten Informationsaustausch aus.

8. Zukunftsperspektiven auf der kollegialen Ebene

Allein das Miteinander wird zum Erfolg führen. An dieser Stelle lassen sich
auch Ungereimtheiten in einer sensiblen Weise ansprechen. Nennen Sie
auch das, was das Zusammenarbeiten bis zum heutigen Zeitpunkt interessant, angenehm und freundlich machte.

9. Ziele

Definieren Sie die Ziele Ihrer Abteilung, Ihres Teams und auch das, was Sie
sich selbst vorgenommen haben. Sagen Sie, daß diese Ziele nur erreicht
werden können, wenn alle Kolleginnen und Kollegen der vernetzten Bereiche bereit sind, mit ihrer Kompetenz ihren Beitrag zu leisten, und daß Sie
selbst bereit sind, mit gutem Beispiel voranzugehen.

Wichtige Fragen zur weiteren Reflexion:

❏ Wie bereit sind Sie, eigenes Wissen zu vermitteln?

❏ Welche Erwartungen hat der Kollegenkreis?

❏ Welchen Informationen machen Ihren Vortrag interessant?

---

10. Der Fachvortrag vor Experten

Der Fachvortrag vor Experten zählt zu den schwierigsten, aber auch interessantesten und lehrreichsten Präsentationen. Wer einen Fachvortrag hält und nicht bereit ist, durch aufkommende Fragen hinzuzulernen, wird schnell Probleme mit dem Zuhörerkreis bekommen. Wenn Sie als Vortragender Diskussionsbeiträgen mit Neugierde und Offenheit entgegensehen und sich ihnen stellen, werden Sie souverän auftreten. Als Referent sollten Sie sich von dem Glauben freimachen, allein genau so viel Fachkompetenz zu besitzen wie alle Ihre Zuhörer zusammen. Oft werden aus dem Zuhörerkreis Aspekte geäußert werden, die weit über den Rahmen der eigenen Darstellung hinausgehen.

■ **Seien Sie offen für fachspezifische Informationen aus dem Zuhörerkreis, und keine Frage und kein Argument kann Sie aus dem Gleichgewicht bringen.**

Folgendes rhetorisches Gerüst bietet sich für einen Fachvortrag vor Experten an:

1. Einführende Worte, z. B. Grund des Vortrages,

2. aktuelle Situation,

3. bisherige Investitionen, z. B. Kapital, Personalaufwand, Material und Zeit,

4. interne Situation,

5. Marktsituation,

6. zielorientierte Strategie.

1. Einführende Worte

Beginnen Sie möglichst positiv, auch dann, wenn eine sehr schwierige Situation oder eine problematische Entwicklung vorliegt. Stellen Sie positive Perspektiven besonders heraus. Sehen Sie eine äußerst erfreuliche Situation, verfallen Sie jedoch nicht in Superlative.

Erfolge, dezent präsentiert, wirken auf die Zuhörer überzeugender als eine überzogene Euphorie. Wichtig ist bei diesem Vortrag, den Zuhörerkreis aufzufordern, kritisch zu sein und fehlende Details bzw. Verbesserungsvorschläge zu notieren und einzubringen. Werden Sie sich als Redner bewußt, daß solche Äußerungen niemals Ausdruck von Schwäche, sondern das Gegenteil, nämlich ein Zeichen von Stärke sind.

2. Aktuelle Situation

Was ist bis zu diesem Zeitpunkt erreicht worden, bzw. sollte erreicht werden? Falls bestimmte Ziele nicht erreicht worden sind, kann dies durchaus dezent angesprochen werden. Bestimmte Schwierigkeiten, z. B. Engpässe bei der Beschaffung von Rohstoffen, können genannt werden.

3. Bisherige Investitionen

Als Vortragender sollten Sie wissen, welche Informationen der Geheimhaltung unterliegen und wie viele Details Sie präsentieren dürfen. Dementsprechend können Sie Ihre Präsentation ausrichten.

4. Interne Situation

Hier gilt wieder der Grundsatz: Engpässe, Schwierigkeiten und Probleme stärken die zielorientierte Motivation und erhöhen den Willen zum Erfolg. An diesem Punkt können Sie Abteilungen, wie z. B. Forschung, anwendungstechnische Bereiche, Versuchsanlagen, sowie bestimmte Wissenschaftler mit einbeziehen.

5. Marktsituation

Informieren Sie über die allgemeine Marktsituation. Interessant ist für die Experten zu erfahren, welche Vor- bzw. Nachteile die Konkurrenz bietet. Es ist darauf zu achten, daß die eigene Position auf dem Markt ehrlich definiert, aber nicht als schwach oder gar unbedeutend dargestellt wird. Dabei können bestimmte Entwicklungen und Ziele besonders herausgestellt werden.

6. Zielorientierte Strategie

Definieren Sie in die Zukunft gerichteten Ziele. Diese können z. B. sein: noch mehr Kundenorientierung, Umweltbewußtsein, Verantwortung gegenüber den Mitarbeiterinnen und Mitarbeitern, Investitionen.

Je nach Situation können diese einzelnen Punkte von unterschiedlicher Bedeutung sein. Dabei spielt es eine Rolle, ob sich der Expertenkreis in bestimmten Zeitabständen trifft und ob ein fester Personenkreis mit guten Vorkenntnissen über die Weiterentwicklung von Projekten informiert wird. In solchen Fällen bedarf es einer kurzen Rückblende auf das letzte Treffen. Im Vordergrund werden dann der Punkt zwei, Punkt vier und Punkt fünf stehen. Wenn die Zusammensetzung der Teilnehmer wechselt, muß die Darstellung der Ausgangssituation dagegen ausführlicher sein.

Der Fachvortrag vor Experten kann zwei Zielgruppen ansprechen:

Eine Zielgruppe besteht aus Kolleginnen und Kollegen, die die Interna kennen und eher Verständnis für die Situation aufbringen.

Die zweite Zielgruppe setzt sich aus fremden Personen zusammen, vielleicht aus anderen Unternehmen, die als Gasthörer bestimmte Informationen erwarten. Im Gegensatz zu einem Vortrag für Laien werden von den Experten verstärkt Detailinformationen gewünscht. Komplexe Zusammenhänge fordern eine genauere Definition. Wichtig bei solchen Vorträgen ist die Bereitschaft, Zwischenfragen aufzugreifen und zu beantworten, vor allem dann, wenn diese Fragen Interesse erkennen lassen und die entsprechenden Antworten helfen, die weiterführenden Informationen zu verstehen.

■ **Im Fachvortrag ist es nicht entscheidend, was Sie sagen, sondern was Ihre Zuhörer verstehen.**

Wichtige Fragen zur weiteren Reflexion:

❑ Wie können Sie über eine gezielte Vortragseröffnung Streß vermeiden?

❑ Warum sollen Sie Rückblicke und Geschichte kurz halten?

❑ Mit welchen Informationen sollten Sie zurückhaltend sein?

---

11. Reden zu feierlichen Anlässen

Es gibt in der Berufswelt feierliche Anlässe, bei denen von den zuständigen Führungskräften Reden gehalten werden. Solche Feierlichkeiten können besondere Geburtstage, Jubiläen und Beförderungen sein.

Wann immer Sie spontan oder auch vorbereitet das Wort ergreifen, sind folgende Punkte zu berücksichtigen:

◆ Ehrlichkeit,

◆ Natürlichkeit,

◆ Realitätsbezogenheit,

◆ positive Aspekte müssen überwiegen.

Ehrlichkeit

Unter Ehrlichkeit ist zu verstehen, daß die Äußerungen, die zu einer bestimmten Person gemacht werden, von dem Zuhörerkreis akzeptiert werden können. Ehrliche Aussagen über angesehene und erfolgreiche Mitarbeiterinnen und Mitarbeitern zu machen, ist nicht schwer. Aber bei einer Rede über einen Menschen, der sehr problematisch ist oder war, ist sicherlich Fingerspitzengefühl in den Formulierungen notwendig. Bei solch wohlwollenden Festreden über schwierige Personen fragen sich oft die Zuhörer, mit welchen Worten der Redner seine Ansprache schmücken würde, wenn er das Wort für eine beliebte und verdienstvolle Person ergreifen würde.

Natürlichkeit

Treten Sie als Rednerin bzw. als Redner locker und ungezwungen auf benutzen und benutzen Sie Formulierungen, die für jeden verständlich sind.

Realitätsbezogenheit

Die Angaben sollen realistisch und chronologisch aufgeführt werden. Realistisch meint auch, daß Alltagsaspekte aus der Gegenwart und Zukunftsperspektiven keine Versprechen in sich bergen sollen, die nicht mit Sicherheit erfüllt werden können.

Positive Aspekte müssen überwiegen

Auch dann, wenn einem sehr schwierigen Menschen mit einer Rede gehuldigt wird, gibt es Eigenschaften und Verhaltensweisen, die es verdienen, lobend herausgestellt zu werden. Im allgemeinen wissen schwierige Menschen, daß sie schwierig sind. Insofern kann auch in einer Rede ein kritischer Gedanke erkennbar werden.

Bei Jubiläen, Geburtstagen, Verabschiedungen können Sie das nachfolgende Schema für Ihre Rede anwenden:

Aufbau der Festrede:

1. Begrüßung,

2. Anlaß der Festlichkeit,

3. Rückblick,

4. Gegenwart,

5. Zukunft,

6. Schluß.

1. Begrüßung

Die Begrüßung kann unterschiedlich erfolgen. Sie können zuerst die zu ehrende Person, dann die Verwandten, Freunde und Ehrengäste nennen. Es besteht aber auch die Möglichkeit, die Gäste als Gesamtheit zu begrüßen. Zum Beispiel mit der Formulierung: „Bitte verzeihen Sie mir, wenn ich die Ehrengäste nicht einzeln und namentlich nenne." Dann können Sie zum Thema übergehen. Bei feierlichen Anlässen mit ca. 20 Personen können Sie die Anwesenden einzeln vorstellen. Dies ist vor allen Dingen dann sinnvoll, wenn sich die Menschen noch nicht oder nur teilweise kennen. In dem Fall ist es auch interessant, den Wohnort und die berufliche Tätigkeit mit zu erwähnen.

2. Anlaß der Festlichkeit

Kurz und bündig den Anlaß der Feierlichkeit nennen. Eventuell Besonderheiten des Anlasses herausstellen. Die betreffende Person mit Namen ansprechen und mit dem Ereignis verbinden. Vermeiden Sie Formulierungen wie zum Beispiel: „Herr XY, wir haben uns hier getroffen, um Ihr fünfundzwanzigstes Jubiläum zu feiern." Besser klingt es, wenn Sie sagen: „Sehr geehrter Herr XY, mit dem heutigen Tag sind Sie seit fünfundzwanzig Jahren in diesem Unternehmen tätig. Sie sind am (soundsovielten) als Auszubildender in (der und der) Abteilung eingetreten" ... usw. Wichtig ist immer wieder, die persönliche Sie/Du-Form zu verwenden und nicht die verallgemeinerte „Wir-Form".

3. Rückblick

Eine Rückschau spannend darzustellen verlangt Kenntnisse der Details. Dabei sollten Sie darauf achten, daß die Relation zu den Punkten Gegenwart und Zukunft stimmig ist.

Um den Werdegang eines Menschen wahrheitsgetreu darzustellen ist, eine gute und genaue Vorbereitung nötig. Pauschalierte Formulierungen wie z. B.: „Sie sind schon sehr lange im Unternehmen" oder „Sie sind schon früh in das Unternehmen eingetreten", sollten Sie vermeiden. Fakten sind besser.

Bei dieser Rückblende empfiehlt es sich, auch die Entwicklung des Unternehmens mit einzubinden. Hat die Person bestimmte Verdienste, z. B. Patentanmeldungen, Verbesserungsvorschläge, mutiges Verhalten in Krisenmomenten, dann sollte man dies ebenfalls erwähnen. Auch private Ereignisse können mit einbezogen werden. Dies setzt jedoch voraus, daß Sie über das Privatleben der betreffenden Person Bescheid wissen.

4. Gegenwart

Den Ist-Zustand realistisch darstellen. Das Aufgabengebiet und die Unternehmenssituation werden angesprochen. Falls die Lage allgemein kritisch ist, sollten Sie trotzdem nicht zuviel Pessimismus verbreiten. Schildern Sie den Tagesablauf des Jubilars. Nennen Sie die von ihm geleistete Arbeit und seine Fähigkeiten. Belastet den Jubilar ein besonderes Leiden, loben Sie seinen Mut und die Kraft, sich dieser Lebenssituation zu stellen. Seien Sie in Ihren Ausführungen ehrlich.

5. Zukunft

Begnügen Sie sich nicht mit dem einen Satz: „Für die Zukunft wünschen wir Dir/Ihnen alles Gute." Je nach Alter und Aufgabe nennen Sie Ziele und Erwartungen, die die Person selber hat, die aber auch mit Aufgaben verbunden sein können. Hier können Sie auch Forderungen nennen. Zum Beispiel: „Sehr geehrter Herr XY, die derzeitige Situation des Unternehmens verlangt von uns allen die Bereitschaft, all unsere Fähigkeiten und Ressourcen teamorientiert einzubringen. Auch Ihnen wünsche ich den Mut und die Kraft, mit Ihrem gesunden Optimismus wie bisher aktiv mitzuwirken."

6. Schluß

In diesem Fall wünschen Sie dem Jubilar ohne Zeitbegrenzung viel Kraft, viel Freude und lenken dann zu einem Trinkspruch über.

Wichtige Fragen zur weiteren Reflexion:

❏ Welche Kriterien zeichnen eine gute Festrede aus?

_____

❏ Was sollten Sie bei einer Begrüßung beachten?

_____

❏ Welchen Redeanteil soll die Vergangenheit, die Gegenwart und die Zukunft einnehmen?

_____

Teil III:

Gespräche erfolgreich führen

1. Die Kunst zu überzeugen

Über eine analytische Gesprächsführung komplexe Fragen gemeinsam zu klären und zu beantworten ist ein sicherer Weg, andere zu überzeugen.

Von Sokrates und Platon wurde die Kunst der Gesprächsführung, die Dialektik, zur philosophischen Methode ausgebildet. Für Platon galt sie als oberste Wissenschaft. Über Rede und Gegenrede wurde der Weg zur Wahrheitsfindung angestrebt.

Dialektik hat nichts mit der Kunst des Streitens zu tun oder gar mit der Fähigkeit, über rhetorische Finessen auch dann recht zu behalten, wenn das Recht eindeutig auf der anderen Seite liegt. Ziel der folgenden Darstellung ist es, Sie zu einer Dialektik hinzuführen, die Probleme löst, sich und anderen Menschen Klarheit in Ansichten und Meinungen verschafft und Mut zur Kommunikation macht.

In der Berufswelt, aber auch in der Politik gehen wir von einer Dialektik aus, die eine sichere, ehrliche, konkrete und logische Gesprächsführung verlangt. Das Wort „Ehrlichkeit" hat hier seine eigene Bedeutung. Eine dialektischen Kommunikation soll nicht Konflikte mehren, sondern vielmehr Konflikte lösen. Auch wenn in der Politik, aber auch in der Industrie oft Geradlinigkeit und Klarheit in der Sprache fehlen, muß es unser Ziel sein, Dialektik in ideeller Weise zu praktizieren.

■ **Dialektik verlangt die Fähigkeit, sich gegenseitig zu akzeptieren und über zielorientierte Argumentation der „Wahrheit" nahe zu kommen.**

Es kann geschehen, daß sehr faire Gesprächspartner von weniger feinfühligen Rednern auf rüde Weise angegriffen und diffamiert werden. Es kann aber auch sein, daß eine Person sehr hartnäckig und konsequent eine Meinung vertritt, die nicht akzeptiert werden kann und darf. Was hierunter zu verstehen ist, zeigt das folgende Beispiel:

In einer kaufmännischen Abteilung wurde eine neue männliche Arbeitskraft, Mitte dreißig, eingestellt. Die Kollegin, die diesen Kollegen einarbeiten sollte, entwickelte ein bevormundendes Sprachverhalten. Dieses verbale Verhalten behielt sie auch nach der Einarbeitungszeit bei. Dies ging so lange, bis der neue Kollege in einer aktuellen Situation folgende Frage stellte: „Frau XY, kann es sein, daß Sie mich mit Ihrem Ehemann verwechseln?"

Dialektik ist eine bestimmte Technik der Argumentation. Folgende Arten lassen sich unterscheiden:

◆ die ich-gebundene Argumentation,

◆ das du/Sie-orientierte Gespräch,

◆ dritte Personen als Gesprächsgegenstand,

◆ allgemeiner, unverbindlicher Bezug,

◆ sachgebundenes Sprachverhalten.

Viele Menschen bedienen sich einer dieser Gesprächsformen, um von ihrer Person abzulenken.

Die ich-gebundene Argumentation

Ich-bezogene Menschen sind für ihr Umfeld häufig unangenehme Gesprächspartner. Formulierungen wie: „Ich habe", „ich kann", „ich bin der Überzeugung", „ich weiß" sind Sprachgewohnheiten, deren sich die einzelnen nicht bewußt sind. In Gesprächen können sie oft schlecht zuhören, zeigen fehlende Flexibilität ihrer Gedanken und machen festgefahrene Meinungen erkennbar.

Das du/Sie-orientierte Gespräch

Solche Gesprächspartner sind in der Lage zuzuhören, zeigen Toleranz im Umgang mit anderen Meinungen und stellen häufiger Fragen. Sie wirken im allgemeinen selbstbewußt, sicher und kontrolliert.

Dritte Personen als Gesprächsgegenstand

Der Schauplatz der Gesprächsführung wird auf dritte, meist nicht anwesende Personen verlegt. Häufig wird in einer ruhigen und doch hartnäckigen Weise das Problem bzw. die Situation eben dieser anderen Person zugeordnet. Aus dieser Distanz entsteht Sicherheit in der Argumentation.

Allgemeiner, unverbindlicher Bezug

Hier sind solche Personen angesprochen, die mit Vorliebe das Wort „man" gebrauchen: „man hat", „man könnte", „man müßte", „man sollte". Ihr Grundsatz ist, sich nur nicht festzulegen, keinen konkreten Bezug zu entwickeln, möglichst unpersönlich und anonym in seinen Meinungen und Ansichten zu bleiben. Diese Menschen zeichnet häufig eine gewisse Ängstlichkeit aus, die aus fehlendem Selbstbewußtsein entsteht.

Sachgebundenes Sprachverhalten

Alles Denken und Argumentieren ist an sachliche Gegebenheiten gebunden. Die sprachliche Orientierung ist sehr stark auf die Sache ausgerichtet. Diese Menschen werden nicht fragen: „Was habt ihr im Urlaub gemacht?" oder „Wie hat euch das Essen geschmeckt?", sondern „Wie war das Essen?", „Welche Temperatur hatte das Wasser?", „Wie sah der Strand aus?" Diese Gesprächsführung ist oberflächlich und wirkt, ohne daß sich die Gesprächspartner dessen bewußt werden, langweilig. Der Grund für ein solches verbales Auftreten ist Angst vor Nähe und einem tiefer gehenden Seelenerleben.

Eine gekonnte dialektische Gesprächsführung wird immer das Ziel haben, Ansichten zu verstärken, sie zu verändern bzw. neue Ansichten zu entwickeln. Für den Sprecher ist es wichtig, dies möglichst bald zu erkennen und die eigene Argumentation danach auszurichten. Fairneß und Ehrlichkeit sind dabei genau so gefordert wie die hohe Selbstkontrolle und Beherrschung, sich nicht emotional in eine Richtung manipulieren zu lassen, in die Sie nicht wollen. Je bewußter Sie sich als Teilnehmer eines Gesprächs psychologisch auf Ihre Partner ausrichten, um so weniger wird die Gefahr bestehen, auch in schwierigen Gesprächen die Selbstkontrolle zu verlieren. Setzen Sie häufig die offene Fragetechnik ein, und zeigen Sie über aktives Zuhören den anderen Personen Ihre Akzeptanz.

Was ist Dialektik aus positiver Sicht?

♦ Suche nach gemeinsamen Inhalten

♦ Wahrheitssuchende Unterredung

♦ Überzeugende Gesprächsführung

♦ Mit richtigen Worten argumentieren

♦ Ehrliche Überzeugungskraft

Was ist Dialektik aus negativer Sicht?

♦ Das vordergründige Bestreben zu manipulieren

♦ Streben nach Macht und Recht

♦ Gesprächspartner als unfähig bloßstellen

♦ Kompetenzen in Frage stellen

♦ Den verbalen Streit auf ein anderes Kampffeld übertragen

Was will Dialektik?

♦ Widersprüche auflösen

♦ Problemlösungen finden

♦ Gegenseitige Akzeptanz aufbauen

♦ Gemeinsame Ziele besser erkennen und herausstellen

♦ Das eigene Wissen und seine Erfahrungen erweitern

♦ Dem Fortschritt dienen

♦ Andere erfolgreich machen und im Selbstbewußtsein stärken

Frageformen einer fairen Dialektik:

♦ Wie sind Sie zu dieser Meinung gekommen?

♦ Welche Erfahrungen konnten Sie bis heute machen?

- ◆ Welche Zukunftsperspektiven sehen Sie?
- ◆ Welche Möglichkeiten sehen Sie, um unsere Standpunkte einander anzunähern?
- ◆ Was erwarten Sie von mir / uns?
- ◆ Welche Investitionen sind notwendig?
- ◆ Was wird sich bei der Realisierung Ihrer Vorschläge alles ändern?
- ◆ Was wollen Sie bezwecken?

Andere verbindende Formulierungen:

- ◆ Sie vertreten einen interessanten Standpunkt.
- ◆ Aus Ihrer Perspektive habe ich die Dinge noch nicht betrachtet.
- ◆ Über Ihre Meinung möchte ich noch einmal nachdenken.
- ◆ Sie geben mit Ihrer Meinung neue Denkanstöße.
- ◆ Sehen Sie eine Möglichkeit, Ihre Ideen auf unser Problem zu übertragen?

2. Formen der Mitarbeitergespräche

Durch Mitarbeitergespräche wird das positive Gruppenverhalten und das zielorientierte Denken entwickelt und verstärkt. Jeder Mitarbeiter soll durch Teambewußtsein motiviert werden, sein ganzes Wissen und Können zielorientiert in eine Gemeinschaft einzubringen. Teamfähigkeit schafft die Voraussetzung, andere und sich selbst erfolgreich zu machen.

Der Begriff „Mitarbeitergespräch" wird in den Unternehmen nicht einheitlich verwendet. Nachstehend eine sinnvolle Strukturierung:

♦ Gespräche mit dem Mitarbeiter

   sind häufige, an einzelne Situationen gebundene Gespräche am Arbeitsplatz.

♦ Situative Mitarbeitergespräche

   sind kurzfristig angesetzte Einzelgespräche

♦ Das Mitarbeitergespräch

   ist ein umfassendes und detailliert vorbereitetes Gespräch zwischen Mitarbeiter/in und Führungskraft

♦ Das Beurteilungs-, Bewertungs- und Entgeltgespräch

   ist eine leistungsbezogene Form des Mitarbeitergesprächs und Bestandteil zukunftsorienter Personalführung

3. Gespräche mit dem Mitarbeiter

Diese Gespräche betreffen den regelmäßigen und auch spontanen Kontakt mit den Mitarbeitern vor Ort. Sie sind ein wesentlicher Bestandteil des Führens.

Die individuellen Kontakte sind die situativen Gespräche mit den einzelnen Mitarbeitern in ihren Verantwortungsbereichen. Zielabsprachen, Abstimmungen, Lösen von Schwierigkeiten, aber auch Kontrollen sind Inhalte der Kommunikation.

◆ Die Gespräche können auch in der Gruppe erfolgen. Die Gruppe wird z. B. über neue oder aktualisierte Unternehmensziele wie Arbeitssicherheit, Umwelt- und Kostenbewußtsein informiert. Aber auch Kritik und Lob des Teams gehören dazu. Kritik kann z. B. die Sauberkeit am Arbeitsplatz betreffen, Lob kann für gute Teamleistungen ausgesprochen werden.

◆ Diese Gespräche sind im allgemeinen nicht vorbereitet,

◆ verlangen von der Führungskraft Präsenz und Entscheidungsfreude,

◆ erfolgen situativ, wenn nötig mehrmals am Tag.

◆ Sie werden nicht schriftlich fixiert; jedoch können Sachinformationen in Schriftform weitergegeben werden.

◆ Inhalt dieser Gespräche ist das Tagesgeschäft mit seinen laufenden und wiederkehrenden Aufgaben. Diese Gespräche drehen sich situativ um qualitativ und quantitativ kurzfristige Ziele.

Das Ziel, das selbständige Arbeiten des einzelnen und des Teams zu verbessern, das persönliche Verantwortungsbewußtsein zu erhöhen und die Bereitschaft, Leistungen über Selbstkontrolle zu prüfen, verlangt von der Führungskraft reflektiertes Verhalten, auch und gerade in Konfliktsituationen.

■ **Der Schlüssel liegt in der Kunst, gekonnt zu fragen.**

Das heißt, die Führungskraft bezieht den Mitarbeiter/in in eigene Entscheidungen ein, führt ihn über Fragen zum Nachdenken und verzichtet auf
Schuldzuweisungen. Nachstehend einige Beispiele:

♦ Was ist passiert?

♦ Wie konnte das geschehen?

♦ Welche Lösungsvorschläge haben Sie?

♦ Wie läßt sich das in Zukunft vermeiden?

♦ Bis wann ist die Arbeit fertig?

♦ Welche Hilfen benötigen Sie?

Solche Fragestellungen lösen bei dem Mitarbeiter ganz bestimmte Gedanken aus, die oft dazu beitragen, daß er eigene Lösungsvorschläge erkennt.
Über gezielte Fragen kann geführt werden.

Wenn Sie Weisungen treffen, ist es notwendig, sich klar und eindeutig aus-
zudrücken. Es genügt also nicht zu sagen: „Die Fertigstellung ist eilig." Ihre
Anweisung muß in diesem Fall einen festen Termin enthalten, bis wann das
Produkt fertiggestellt bzw. die Arbeit erledigt sein muß.

4. Situative Mitarbeitergespräche

Bei ihrer Durchführung sind bestimmte Modalitäten einzuhalten.

Wichtig ist, daß diese Gespräche mit den Mitarbeitern nicht ausschließlich in kritischen Situationen geführt werden. Nicht nur Kritikgespräche, auch Lob und Klärungsgespräche sind regelmäßig zu führen.

Wenn der Vorgesetzte einen Mitarbeiter zu sich bestellt, sollten Kolleginnen und Kollegen nicht davon ausgehen können, daß der Betreffende einen „Rüffel" erhält. Um dieser Unterstellung vorzubeugen, muß es für den Vorgesetzten zur Selbstverständlichkeit werden, mit den Mitarbeitern auch in anderen Situationen Einzelgespräche zu führen. Es gibt viele Anlässe für Mitarbeitergespräche:

♦ Vor einem Urlaub bzw. nach der Rückkehr aus dem Urlaub,

♦ nach einer Krankheit bzw. nach einer Kur,

♦ Wenn Sie erkennen, daß einer Ihrer Mitarbeiter möglicherweise private Probleme hat und Sie in zurückhaltender Form Hilfe anbieten möchten,

♦ Geburtstage, Hochzeiten von Kindern, Jubiläen etc.,

♦ Lobgespräche,

♦ und letztlich auch Kritikgespräche.

Neben diesen sechs Möglichkeiten gibt es viele weitere Situationen, die sich für ein Einzelgespräch anbieten. Einzelgespräche sind also etwas ganz Normales und Wertneutrales.

■ **Führungskräfte, die positive Situationen zum Anlaß von Gesprächen nehmen, werden auch im Kritikgespräch stärker überzeugen können.**

Hinzu kommt, daß ein solches Verhalten der Führungskraft einen großen Einfluß auf das Teambewußtsein und das Betriebsklima hat.

5. Das Mitarbeitergespräch

Dieses Mitarbeitergespräch ist teilweise mit dem Beurteilungs- und Bewertungsgespräch identisch. Was sehr oft fehlt, sind die detaillierten Bewertungskriterien. Das Gespräch soll zielgerichtet das Wohlbefinden der Mitarbeiter erhöhen, die Leistungsbereitschaft und das Qualitätsbewußtsein fördern und Unternehmensziele sichern. Dadurch soll die Zusammenarbeit zwischen Mitarbeitern und Vorgesetzten gefördert werden. Der Austausch der gegenseitigen Erwartungen soll selbstverständlich werden. Über gegenseitige Achtung und intensive Kommunikation werden Konflikte vermieden. Der allgemeine Informationsfluß wird verbessert. Der Mitarbeiterin und dem Mitarbeiter wird ein Feedback über ihre Arbeitsergebnisse vermittelt, und daraus werden Zielabsprachen. Die personenbezogene, berufliche Entwicklungsmöglichkeit wird besprochen und abgestimmt. Das Verantwortungsbewußtsein bei den Mitarbeiterinnen und Mitarbeitern wird gestärkt, Eigeninitiative und Kreativität werden gefördert. Folgende Kriterien sind zu berücksichtigen:

♦ Das Gespräch erfolgt unter vier Augen.

♦ Beide Gesprächspartner sind auf den Dialog vorbereitet.

♦ Es werden gute Rahmenbedingungen geschaffen (genügend Zeit, keine Störungen).

♦ Der Zeitpunkt wird vorher abgesprochen.

♦ Das Gespräch findet im allgemeinen einmal jährlich statt.

♦ Das Gespräch kann dokumentiert werden.

♦ Inhaltlich erfolgt eine gemeinsame Einschätzung, bzw. Beurteilung der bisherigen Leistungen. Es werden neue Ziele vereinbart, in denen die persönliche Weiterentwicklung miterfaßt ist.

Wichtige Aspekte bei der Zielvereinbarung

◆ Welche Ziele?

◆ Bis wann sollen die Ziele erreicht sein?

◆ Wie können sie erreicht werden?

Mögliche Zielvereinbarungen:

◆ Fachliche Ziele,

◆ Kooperationsziele,

◆ organisatorische Ziele,

◆ persönliche Ziele.

Bedingungen für den Erfolg eines Mitarbeitergesprächs

◆ Gründliche Gesprächsvorbereitung,

◆ offenes, vertrauensvolles Gesprächsklima schaffen,

◆ Achtung und Ehrlichkeit während des Gesprächs zeigen,

◆ realistische Erwartungshaltung auf beiden Seiten entwickeln,

◆ Abstimmung individueller Zielvereinbarung mit möglichen Abteilungszielen treffen,

◆ Eindeutige Kompetenz der Führungskraft.

Persönliche Zielvereinbarungen

Zielabsprachen zwischen Vorgesetzten und Mitarbeitern sind sehr wichtig. Sie schaffen Klarheit über den Weg, stärken den Willen und ermöglichen Planung und Kontrolle. Diese Ziele, können sehr unterschiedlicher Natur sein. Im folgenden sind einige Beispiele aufgelistet:

◆ Etwas werden (Rang und Titel),

◆ etwas anderes tun,

◆ mehr verdienen,

♦ weniger Arbeit/mehr Freizeit,

♦ einen sicheren Arbeitsplatz haben,

♦ Freiräume für die Verwirklichung eigener Ideen erhalten,

♦ mehr Verantwortung und Kompetenzen haben (Führung),

♦ im Team arbeiten,

♦ in eine andere Arbeitsgruppe wechseln,

♦ mehr Zeit für Fort- und Weiterbildung haben.

Es ist die Aufgabe des Vorgesetzten, die persönlichen Wünsche und Ziele des Mitarbeiters ernst zu nehmen. Auch soll er den Mitarbeiter bei der Überwindung von Schwächen unterstützen. Wichtig sind hier realistische Einschätzungen. Dies verlangt von der Führungskraft, Ziele des Mitarbeiters bzw. der Mitarbeiterin mit den abteilungsspezifischen Zielen in Einklang zu bringen.

Vier Kriterien eines Ziels

♦ Was will ich erreichen?

♦ Wann will ich das Ziel erreichen?

♦ Wie will ich es erreichen?

♦ Welche Überprüfungskriterien setze ich ein?

Eine Zielvereinbarung ist ein zwischen dem Mitarbeiter und der Führungskraft gemeinsam festgelegtes, zu einem bestimmten Zeitpunkt zu erreichendes Ergebnis. Zielvereinbarung bedeutet, den Weg zu planen, Kontrollen zu entwickeln und notfalls Alternativen aufzuzeigen.

■ **Ziele bedeuten immer Motivation.**

Beispiel eines Mitarbeitergesprächs:

Ist-Situation:

Ein Mitarbeiter, 35 Jahre alt, seit vier Jahren im Unternehmen, ist in den letzten vier Wochen mehrmals unangenehm aufgefallen. Er ist zweimal zu spät gekommen, hat einmal die Arbeitssicherheit verletzt und zeigt ein verändertes Teamverhalten. Situativ hatte die Führungskraft bei den Vorfällen Pünktlichkeit und Nichteinhaltung der Arbeitssicherheit den Mitarbeiter sofort angesprochen. Da jetzt noch das veränderte Teamverhalten hinzukommt, vereinbart die Führungskraft zu Arbeitsbeginn ein Gespräch mit dem Mitarbeiter, das auf 10 Uhr 15 angesetzt wird. Der Mitarbeiter weiß, worum es in diesem Gespräch gehen wird.

Die Führungskraft bereitet sich auf das Gespräch vor, notiert die zwei Tage des Zuspätkommens sowie den Tag und den Zeitpunkt, an dem der Mitarbeiter die Arbeitssicherheit nicht einhielt.

Folgende Fragen werden vorbereitet:

Warum kommen Sie zu spät?

Was glauben Sie, welchen Einfluß Ihr Zuspätkommen auf die Leistungsfähigkeiten des Teams hat?

Welches Ziel verfolgt das Unternehmen mit der konsequenten Einhaltung von Arbeitssicherheitmaßnahmen?

Warum zeigen Sie ein verändertes Teamverhalten?

Ziel: Eine Vereinbarung mit dem Mitarbeiter.

Um 10 Uhr 10 erscheint der Mitarbeiter bei der Führungskraft. Die Führungskraft steht auf, bietet am Nebentisch dem Mitarbeiter einen Platz an, informiert über die Sprechanlage seine Sekretärin, in der nächsten halben Stunde nicht gestört zu werden und setzt sich dem Mitarbeiter gegenüber.

Das Gespräch verläuft wie folgt (F steht für Führungskraft, MA für Mitarbeiter):

F: Herr X, Sie gehören zu meinen langjährigen und zuverlässigen Mitarbeitern. In der zurückliegenden Zeit haben Sie gute Leistungen gebracht und sind dadurch auch für Ihre Kollegen ein Vorbild. Ich habe Sie zu diesem Gespräch gebeten, weil Sie in den letzten vier Wochen mehrmals unangenehm aufgefallen sind und Ihr verändertes Verhalten nicht mehr in das Bild paßt, das ich von Ihnen habe. Welche Gründe gibt es, daß Sie am 13. und am 24. d. M. zu spät gekommen sind?

MA: Ich habe einem Freund geholfen, seine Eigentumswohnung zu renovieren. Zeitweise ist es sehr spät geworden, und ich hatte morgens Schwierigkeiten, pünktlich aufzustehen.

F: Herr X, Sie helfen einem Freund eine Arbeit zu bewältigen und vernachlässigen dadurch Ihre eigene Arbeit. Wie können Sie das vermeiden?

MA: In Zukunft werde ich meine Hilfe abends nicht so lange ausdehnen, sondern früher zu Bett gehen, um am anderen Tag pünktlich am Arbeitsplatz zu erscheinen.

F: Herr X, es gibt einen weiteren Punkt den ich mit Ihnen besprechen möchte. Sie haben in der letzten Woche beim Umgang mit Säure keine Schutzbrille getragen. Warum nicht?

MA: Ich finde die ganze Arbeitssicherheit übertrieben.

F: Was verstehen Sie unter übertrieben?

MA: Sie reden immer wieder von Arbeitssicherheit, und fordern uns auf, Sicherheitsschuhe, Handschuhe, Brille und Helm zu tragen. Es gibt aber immer wieder Kollegen, die diese Anweisungen nicht befolgen.

F: Herr X, wir sprechen hier nicht von Kollegen. Es geht hier ausschließlich um Ihr Verhalten. Ich bitte Sie, zu Ihrem Fehlverhalten zu stehen und keine Ausreden zu gebrauchen. Arbeitssicherheit ist ein unternehmerisches Ziel, und wir sind alle, ohne Ausnahmen, aufgefordert, dieses Ziel zu realisieren. Also nochmals meine Frage: warum haben Sie an diesem Tag keine Schutzbrille getragen?

MA: Ich hatte meine Schutzbrille verlegt. Aus Bequemlichkeit habe ich dann die Umfüllung ohne Schutzbrille durchgeführt.

F: Herr X, Sie wissen, daß mir die Sicherheit am Arbeitsplatz sehr wichtig ist. Ich habe einmal einen schweren Arbeitsunfall miterlebt, bei dem ein Mitarbeiter ein Bein verlor. Damals habe ich mir vorgenommen, konsequent auf die Gesundheit meiner Mitarbeiter zu achten. Entsprechend erwarte ich von Ihnen, daß Sie ab sofort ohne jegliche Ausreden die vorgeschriebene Schutzkleidung tragen. Haben Sie mich verstanden?

MA: Ja.

F: Herr X, ich habe in den letzten Wochen beobachtet, daß Sie ein verändertes Teamverhalten zeigen. Welche Gründe gibt es, daß Sie sich nicht mehr so wie früher in das Team einbringen? Fühlen Sie sich im Team nicht mehr wohl?

MA: Ich bin mir nicht bewußt, daß ich ein verändertes Teamverhalten zeige. Es war in den letzten Monaten sehr hektisch. Aufgrund der vielen Arbeit haben wir alle wenig Zeit gehabt. Nach meinem Empfinden habe ich ein gutes Verhältnis zu den Kollegen. Können Sie mir erklären, wann ich mich anders verhalten haben soll?

F: Sie isolieren sich etwas aus dem Team, d. h. Ihre Arbeitsabsprachen mit den Kollegen sind nicht gründlich abgestimmt. Ich habe zwei Situationen mitbekommen, daß Ihnen deswegen aus dem Team Vorwürfe gemacht wurden.

MA: Wer hat mich denn angeschwärzt?

F: Es hat Sie überhaupt niemand angeschwärzt. Im Gegenteil, als ich nachgefragt habe, was denn los ist, hat Herr Y z. B. gesagt: „Gar nichts, es ist alles o.k."

MA: Ich werde in nächster Zeit darauf achten, daß die Absprachen mit den Kollegen wieder besser werden.

F: Ich bitte Sie, wieder Ihr altes positives Verhalten einzubringen und möchte mit Ihnen jetzt folgende Ziele vereinbaren:

1. Ab sofort kommen Sie nicht mehr zu spät.

2. Sie werden grundsätzlich die Arbeitsschutzkleidung tragen.

3. Entfalten Sie ein normales kooperatives Teamverhalten.

4. In genau vier Wochen werden wir uns nocheinmal zusammen setzen und die hier abgesprochenen Ziele miteinander abgleichen.

Herr X, denken Sie bitte immer daran, daß wir alle hohen Belastungen ausgesetzt sind und wir nur gemeinsam im Team eine qualitativ hochwertige Leistung schaffen.

MA: Ich verspreche Ihnen, daß ich diese Ziele einhalten werde.

Beide stehen auf und verabschieden sich. Dauer des Gesprächs: ca. zwölf Minuten.

Folgende Modalitäten können Sie aus dem Gespräch entnehmen:

♦ Die Führungskraft fragt, führt somit das Gespräch und verteilt im Verhältnis 1 : 1 die Kommunikationsanteile.

♦ Sie läßt kein Mobbing zu.

♦ Es erfolgt eine klare Zielabsprache mit einem weiteren zeitlich festgelegten Gespräch.

♦ Die Führungskraft beginnt und endet mit einem positiven Aspekt.

Solche situative Mitarbeitergespräche konsequent durchgeführt, stärken die Position der Führungskraft. Sie lernt die Mitarbeiter besser kennen, fördert ein positives Betriebsklima und wirkt motivierend auf die Leistungsbereitschaft der Mitarbeiter.

Wichtige Fragen zur weiteren Reflexion:

❏ Welchen Einfluß hat das Mitarbeitergespräch auf eine teamorientierte Zusammenarbeit?

_____

❏ Welche Modalitäten sind bei einem Mitarbeitergespräch zu beachten?

_____

❏ Welche Bedeutung haben Zielabsprachen?

_____

6. Das Beurteilungs-, Bewertungs- und Entgeltgespräch

Diese Gespräche werden im allgemeinen einmal am Ende eines Jahres durchgeführt. Über eine konstruktive Kritik werden die Stärken des Mitarbeiters herausgestellt und seine Schwächen erkennbar gemacht. Diese Form der Kommunikation darf keine einseitige Aktivität der Führungskraft sein. Sie soll zu einem Meinungsaustausch und zu einem besseren gegenseitigen Verständnis führen. Sollte ein Mitarbeiter in der zweiten Hälfte eines Jahres seinen Arbeitsplatz wechseln, so ist es die Aufgabe der alten Abteilung, dieses Gespräch zu führen.

Das Bewertungsgespräch ist eine Modifizierung des Mitarbeitergesprächs. Das Verhalten der Mitarbeiter wird mit Hilfe einer festgelegten Skala eingestuft. Die beidseitige Vorbereitung durch die Führungskraft und den Mitarbeiter ist von besonderer Bedeutung. Eine gerechte Bewertung ist im allgemeinen nur vom direkten Vorgesetzten möglich und sollte auch von ihm durchgeführt werden. Die Vorbereitung der Führungskräfte auf diese sehr bedeutsamen Aussprachen ist wichtig. Nachstehend nochmals in Kürze die einzelnen Schritte bis zu dem Gespräch.

♦ Der Mitarbeiter erhält wenigstens 14 Tage vor dem Bewertungsgespräch die Unterlage mit allen Punkten, die während des Gesprächs angesprochen werden.

♦ Schritt für Schritt werden die einzelnen Punkte besprochen, auch diskutiert und eventuell festgehalten.

♦ Eine ehrliche und offene Kommunikation ist Voraussetzung dafür, daß sich beide Gesprächspartner nach Festlegung des Ergebnisses wohl fühlen.

♦ In den Unternehmen bestehen zur Zeit verschiedene Modelle, um das Profil einer Mitarbeiterin bzw. eines Mitarbeiters zu bewerten. Zugrunde liegen oft fünf Abstufungen. Diese können in Form von Zahlen 1 – 5, oder auch als Buchstaben A – E vorliegen. Dabei ist die Zahl 1 ebenso die niedrigste Beurteilung wie der Buchstabe A und die höchste Einstufung die Zahl 5 bzw. der Buchstabe E. Erfahrungen haben gezeigt, daß mit der Einschätzung größerer Mitarbeitergruppen, ca. 50 und mehr, eine Gaußsche Kurve festgestellt wurde. Das heißt, die häufigste Bewertung wurde bei den Zahlen unter 3 und bei den Buchstaben unter C festgehalten. Die Kurve kann wie folgt aussehen:

Leistung bei A (1) ca. 5%

Leistung bei B (2) ca. 20%

Leistung bei C (3) ca. 50%

Leistung bei D (4) ca. 20%

Leistung bei E (5) ca. 5%

Bei kleineren Gruppen können die Ergebnisse deutlich abweichen. Es ist auch zu berücksichtigen, daß manche Führungskräfte den einzelnen im Team positiver, und andere wiederum negativer beurteilen. Hier ist es sehr wichtig, daß z. B. in einer Abteilung, in der mehrere Führungskräfte Beurteilungs-, Bewertungs- und Entgeltgespräche führen und einen Informationsaustausch und einen Beurteilungsvergleich vornehmen. Diese Gespräche dürfen nicht bewirken, daß pauschale Beurteilungen entwikkelt werden und die individuellen Leistungsabstufungen unberücksichtigt bleiben.

Buchstaben: A   B   C   D   E

Zahlen: 1   2   3   4   5

Bedeutung der einzelnen Werte:

Wertzahl 1: Die gestellten Anforderungen werden in keiner Weise erfüllt.

Wertzahl 2: Die allgemeinen Erwartungen werden größtenteils erfüllt.

Wertzahl 3: Das Verhalten und die Leistungen sind uneingeschränkt gut.

Wertzahl 4: Die allgemeinen Erwartungen werden deutlich übertroffen.

Wertzahl 5: Das Verhalten und die Leistungen sind außergewöhnlich.

Nachstehend sind diverse Kriterien festgehalten, die Grundlage eines Bewertungsgesprächs sein können. Situativ lassen sie sich je nach Aufgabenbereich ergänzen, erweitern bzw. verändern. Entscheidend ist auch, ob die zu beurteilenden Personen Führungsverantwortung tragen oder nicht.

1. Allgemeines Arbeitsverhalten

♦ Selbständigkeit,

♦ Kreativität,

♦ Flexibilität,

♦ Belastbarkeit.

2. Arbeitsergebnisse

♦ Fachwissen,

♦ Arbeitsqualität,

♦ Arbeitsquantität.

3. Unternehmerisches Denken und Handeln

♦ Funktionsübergreifendes Verhalten,

♦ Kostenbewußtsein,

♦ Umwelt- und Sicherheitsbewußtsein.

4. Zusammenarbeit

♦ Kommunikationsfähigkeit und -bereitschaft,

♦ teamorientiertes Verhalten,

♦ Bereitschaft zur Informationsweitergabe,

♦ Kritikfähigkeit.

5. Weiterbildung

♦ Lernbereitschaft,

♦ Aufgeschlossenheit für Veränderungen.

6. Führungsverhalten

♦ Soziale Kompetenz,

♦ Förderung und fähigkeitsorientierter Einsatz von Mitarbeitern,

♦ allgemeines Verhältnis zu den Mitarbeitern,

♦ Informationsbereitschaft,

♦ Motivationsfähigkeit,

♦ konzeptionelles, ergebnisorientiertes Denken und Handeln,

♦ Überzeugungskraft,

♦ Entscheidungsfähigkeit,

♦ delegieren und kontrollieren von Arbeiten,

♦ Durchsetzungsvermögen,

♦ Loyalität,

♦ Integrität.

Die jeweils einzeln aufgeführten Punkte werden in der Werteskala festgehalten, daraus wird ein Durchschnittswert ermittelt. Dieser Wert, der entweder zwischen A und E bzw. 1 und 5 liegt, wird als Kriterium für die Entgelteinstufung zugrunde gelegt.

Entwicklungsmöglichkeit

♦ Grundsätzlich ist hierunter nicht zu verstehen, daß eine Beförderung oder mehr Geld zugesagt wird. Entwicklungsmöglichkeit kann bedeuten, z. B. das bestehende Arbeitsgebiet mit Zusatzfunktionen zu ergänzen (Sicherheitsbeauftragter, Ausbildungsbeauftragter, Mitglied in einem Arbeitskreis oder Ausschuß werden).

- Erledigung von Sonderaufgaben (z.B. spezielle Projektarbeiten).

- Veränderung des gegenwärtigen Aufgabengebietes (einzelne Aufgaben werden herausgelöst und durch andere ersetzt)

- Wechseln in ein anderes Arbeitsgebiet, unbefristet oder befristet (z. B. Auslandsaufenthalt).

- Teilnahme an Seminaren bzw. allgemeinen Weiterbildungsmaßnahmen.

Wichtige Fragen zur weiteren Reflexion:

❐ Welchen motivierenden Einfluß haben Beurteilungs- und Bewertungsgespräche auf den Mitarbeiter?

❐ Welche Bewertungskriterien sind wichtig?

❐ Warum sollen Sie ein Mitarbeitergespräch positiv beenden?

7. Aufbau und Ablauf von Mitarbeitergesprächen

Mitarbeitergespräche erfolgreich führen

Was haben folgende Situationen gemeinsam ?

Autogenes Training, das Ruhen auf einem Sofa, ein schlafendes Kind, lachende Menschen auf einer Feier – die Menschen aus diesen wenigen Beispielen haben eines gemeinsam: Sie sind entspannt und locker. Diese Personen befinden sich in einer „positiven" Situation. Aus der Psychologie wissen wir, daß Menschen im Zustand der Entspannung am stärksten aufnahmebereit sind. Diese Tatsache erfordert von der Führungskraft, daß ein Mitarbeitergespräch grundsätzlich in einer entspannten Atmosphäre stattfinden sollte. Auch ein Kritikgespräch mit dem Thema „Arbeitssicherheit" kann nur dann Erfolg versprechen, wenn es offen und frei geführt wird. Dies verlangt von den Vorgesetzten ein einfühlsames Verhalten. Die betroffene Person muß zum Sprechen hingeführt werden. Sie darf nicht schon bei der Terminvereinbarung eingeschüchtert werden.

Gesprächsvereinbarung

Mit der Aufforderung erhält der Mitarbeiter auch Informationen über den Anlaß, Zeitpunkt und den Ort, an dem das Gespräch stattfindet. Die Zeit zwischen Aufforderung und Realisierung darf nicht zu lang sein. Sie sollte jedoch der betreffenden Person die Möglichkeit geben, ihre Gedanken zu entwickeln. Ca. eine Stunde ist angebracht. Dies muß aber kein Grundsatz sein. Hier ein Beispiel, wie es nicht gemacht wird:

Ein Vorgesetzter signalisiert einer kaufmännischen Mitarbeiterin morgens um 8 Uhr, sich mittags um 14 Uhr zu einem Gespräch einzufinden. Weitere Informationen werden nicht ausgetauscht. Von diesem Zeitpunkt an ist die Mitarbeiterin in einem unangenehmen Streß. Kurz nach 10 Uhr fragt sie einen Kollegen: „Wissen Sie, was der Chef von mir will?", erhält aber keine Information. Die Leistung dieser Mitarbeiterin beträgt zwischen 8 Uhr morgens und mittags 14 Uhr weniger als 20%. Um 14 Uhr beginnt das Gespräch. Nach wenigen Augenblicken weiß die Mitarbeiterin, daß alle ihre Bedenken und Selbstzweifel unberechtigt waren. Aufgrund einer spezifischen Fähigkeit wird ihr eine Spezialaufgabe zugeteilt, und das kann sie als Lob auffassen.

■ **Führungskräfte zeigen häufig ein Verhalten, das die Effektivität des Mitarbeiters beeinträchtigt.**

Gesprächsvorbereitung

Als Führungskraft verfolgen Sie mit dem Gespräch das Ziel, das Verhalten der Mitarbeiterin bzw. des Mitarbeiters zu verändern. Somit ist eine angemessene Vorbereitungszeit von großem Nutzen.

Stellen Sie fest,

◆ wann das letzte Gespräch mit dem Mitarbeiter stattgefunden hat,

◆ welchen Inhalt das Gespräch hatte

◆ und ob der jetzt zu diskutierende Punkt ein Wiederholungsfall ist oder eine neue Situation schafft.

Machen Sie sich Notizen. Dies können zum Beispiel Fragen sein, die Sie auf jeden Fall einbringen wollen. Mitarbeitergespräche gleiten oft in emotionale Stimmungen ab. Vorher fixierte Fragen können helfen, das eigentliche Ziel konsequent zu verfolgen. Zur Vorbereitung gehört auch die eventuelle Notwendigkeit, Partner aus dem Bereich des Personalwesens und des Betriebsrates hinzuzuziehen.

■ **In einem solchen Fall bedarf es einer vorherigen, gegenseitigen Unterrichtung. Alle Parteien sollten auf dem gleichen Informationsstand sein.**

Der Mitarbeiter muß über den Rahmen des Gesprächs informiert sein.

■ **Machen Sie sich als Vorgesetzter über jedes Mitarbeitergespräch einen Vermerk. Dieser Vermerk muß das Datum und den Gesprächspunkt enthalten.**

Für ein folgendes zweites Gespräch ist es immer gut, sich auf das vorausgegangene beziehen zu können. Vor einer notwendig gewordenen Abmahnung
sollten Mitarbeitergespräche stattgefunden haben. Bedenken Sie, daß auch
sehr schwierige Mitarbeiter und Mitarbeiterinnen ein Recht auf Faineß
haben. Trotzdem gibt es Einzelfälle, in denen es notwendig ist, sich von
Mitarbeitern zu trennen.

Wo muß das Mitarbeitergespräch stattfinden?

Als Führungskraft unterscheiden Sie grundsätzlich zwischen den täglichen
Kontaktgesprächen und einem Mitarbeitergespräch. Kontaktgespräche finden meistens vor Ort, das heißt am Arbeitsplatz des jeweiligen Mitarbeiters
statt und sind im allgemeinen kurz. Das Mitarbeitergespräch wird hingegen
grundsätzlich unter vier Augen in einem gesonderten Raum durchgeführt.
Ein Gespräch kann jedoch auch, wenn es die Situation erfordert, im Freien
stattfinden. Entscheidend ist, daß andere Personen nichts hören bzw. nicht
über Signale der Körpersprache erkennen, welches Gespräch stattfindet.
Geeignete Räume sind: Ein geschlossenes Meisterzimmer, ein Büroraum,
ein Besprechungszimmer usw. Um Ihnen die Notwendigkeit eines unge-
störten Gesprächs zu verdeutlichen, folgendes Beispiel:

In einem verglasten Meisterzimmer wird ein Kritikgespräch geführt. Der im
allgemeinen fleißige und auch in Gesprächen offene Mitarbeiter zeigt sich
verstockt und wenig zugänglich. Im nachhinein stellt der Meister fest, daß
die betreffende Person aus ihrer Position sehen konnte, wie ein Teil der
Kollegen häufig in Richtung Meisterzimmer schaute, um eventuell zu erkennen, was in dem Gespräch behandelt wird.

Sie sehen also, daß die Wahl des Gesprächsortes einen ganz entschei-
denden Einfluß auf Ihr angestrebtes Ziel hat. Und bedenken Sie:

■ **Ihr Ziel muß immer sein, ein in Ihrem Sinne verändertes Verhalten der Mitarbeiter zu bewirken.**

Empfang im „Besprechungsraum"

Denken Sie bitte daran, daß das Selbstwertgefühl der Menschen von heute
sehr stark von der positiven Akzeptanz, d. h. der Anerkennung der Person
durch andere beeinflußt wird. Als Führungskraft müssen Sie Ihren Mitar-

beiterinnen und Mitarbeitern zeigen, daß Sie sie ernst nehmen und für sie einstehen. Sie können Ihrer Gesprächspartnerin oder Ihrem Gesprächspartner diese Anerkennung signalisieren, indem Sie hinter Ihrem Schreibtisch aufstehen, ihr oder ihm entgegentreten und – sofern schon eine Begrüßung stattgefunden hat – direkt einen Platz anbieten.

Viele Vorgesetzten verhalten sich jedoch nicht so. Wie würden Sie sich fühlen, wenn Sie zu Ihrem Vorgesetzen kämen und dieser würde sitzen bleiben und weiter schreiben oder telefonieren weiter. Desinteresse und fehlende Akzeptanz wären offensichtlich.

Solche negativen Verhaltensweisen von Vorgesetzten führen zu Spannungen, und Konflikte sind bei fehlender Lernbereitschaft vorprogrammiert.

Gesprächseröffnung

Sie sollten möglichst schnell zum Kernpunkt des Gesprächs kommen. Beginnen Sie nicht mit Fragen nach der Familie, wenn Kritikpunkte Inhalt der Aussprache sind. Wenn, dann gehören Themen wie Familie, Hobby, Urlaub als Ausdruck von „goodwill" an das Ende des Dialogs. Trotzdem können Sie die Gesprächsführung mit einer positiven Perspektive einleiten. Voraussetzung für eine motivierende und auflockernde Einleitung ist, daß Sie realistisch und ehrlich sind. Sie können z. B. sagen:

„Herr Fleißig, Sie wissen, daß ich mit Ihren Leistungen sehr zufrieden bin. Um so mehr bin ich allerdings überrascht, daß ich Sie jetzt schon zweimal ermahnen mußte, an Ihrem Arbeitsplatz die Schutzbrille und die Handschuhe zu tragen." Jetzt muß die erste Frage kommen, z. B.: „Warum halten Sie sich nicht an die Vorschriften?"

„Problem" -Abfragephase

In den Ausführungen über die Macht der Sprache haben wir gezeigt, daß die Aufnahmebereitschaft bei innerlicher Entspannung am größten ist. Diese notwendige Entspannung erreichen Sie in Ihrem Gespräch nicht über einseitige Kritikargumente. Es ist sehr wichtig, daß Sie Ihren Gesprächspartner zum Reden bringen. Das schaffen Sie nur über gezielte Fragen. Hier eine Faustregel für die Gesprächsanteile zwischen Mitarbeiter und Führungskraft:

Von wenigen Ausnahmen abgesehen, soll je etwa die Hälfte der Gesprächszeit vom Mitarbeiter und von der Führungskraft genutzt werden. In einer
Vielzahl von Rollenspielen in Führungsseminaren zeigte sich immer wieder,
daß die Führungskräfte, die 70%, 80% und 90% der Gesprächsanteile für
sich verbuchten, wenig Einfluß auf ein verändertes Verhalten des Mitarbeiters entwickeln konnten.

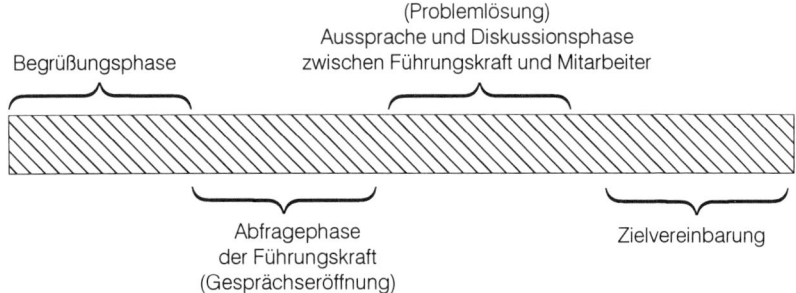

Die Grafik zeigt „bildhaft", wie ein Mitarbeitergespräch ablaufen kann.
Diese Aufteilung darf jedoch keine Schablone sein. Jeder Mensch ist anders, und jedes Gespräch wird unterschiedlich verlaufen.

■ Bringen Sie Ihren Mitarbeiter zum Sprechen! Fragen Sie ihn!

Beispiele:

„Warum tragen Sie Ihre Schutzbrille und Ihre Handschuhe nicht?"

„Welche Bedeutung haben für Sie gesunde Augen?"

Problemlösung

Unter Problem- bzw. Konfliktlösung verstehen wir die gemeinsame Suche
nach einem für beide Seiten akzeptablen Weg. Er muß die Bereitschaft des
Mitarbeiters zur Verhaltensänderung beinhalten. Alle Ihre Gespräche haben nur das eine Ziel: das Verhalten der Mitarbeiter so zu verändern, daß
sie gewillt sind, alle Vorschriften zur Arbeitssicherheit und zum Umwelt-
schutz einzuhalten.

Zielsetzung

Sie haben nur dann eine klare Zielsetzung, wenn die abgesprochenen Vereinbarungen auch einen Zeitfaktor beinhalten. Es ist falsch, wenn Sie einem Menschen gegenüber äußern: „Ich möchte Sie in Zukunft nicht mehr ohne Schutzbrille sehen." Eine klare Zielsetzung fehlt hier. Richtig muß es lauten: „Herr Fleißig, wenn ich Sie in den nächsten vier Wochen noch zweimal ohne Schutzbrille an Ihrem Arbeitsplatz beobachte, sehe ich mich veranlaßt, mit Ihnen ein weiteres Gespräch zu führen." Diese Zielvorgabe ist auch für den Mitarbeiter von großer Bedeutung. Es ist ihm bewußt, daß er sich noch ein einziges Mal, am besten aber überhaupt nicht mehr ohne Schutzbrille erwischen lassen darf.

Wichtige Fragen zur weiteren Reflexion:

❐ Warum ist eine gute Vorbereitung auf ein Mitarbeitergespräch wichtig?

❐ Welche organisatorischen Kriterien sind bei der Durchführung eines Mitarbeitergesprächs zu beachten?

❐ Welche Möglichkeiten haben Sie, Störeinflüsse während eines Gesprächs zu vermeiden?

8. Kommunikation mit Vorgesetzten

„Wie kann ich erfolgreich mit meinen Führungskräften bzw. Vorgesetzten umgehen?" Darauf bin ich als Trainer für Kommunikation in den letzten Jahren immer wieder von Teilnehmerinnen und Teilnehmern angesprochen worden.

Nachstehend einige Tips, die Ihnen dabei helfen, das Miteinander mit Ihrem Chef zu verbessern:

Informationsfluß

In jedem Unternehmen gibt es bestimmte Informationsströme. Diese Botschaften gehen einmal von der Geschäftsleitung aus, über die verschiedenen Verantwortungsstufen, bis hin zu allen Mitarbeiterinnen und Mitarbeitern ohne Führungsverantwortung. Diese Informationen erfassen z. B. Unternehmensziele, Unternehmensleitlinien, Strategien, bis hin zu einzelnen Weisungen. Umgekehrt gibt es auch einen Informationsstrom von den Mitarbeitern über deren jeweilige Führungskräfte zur Geschäftsleitung. Diese Nachrichten beeinflussen das Entscheidungsverhalten des Managements auf allen Ebenen. Was ich hierunter verstehe, soll Ihnen folgendes Beispiel verdeutlichen:

Ich hatte in der Verkaufsabteilung eines Chemiekonzerns eine neue Tätigkeit begonnen. Es war meine Aufgabe, den nationalen und internationalen Markt einer bestimmten Produktgruppe zu betreuen. Nach einigen Monaten erhielt ich einen Auftrag eines französischen Unternehmens über eine Summe von über 500 000 DM. Erst einige Wochen später informierte ich so ganz nebenbei meine nächste Führungskraft über diesen Erfolg. Sogleich merkte ich, daß sein Gesicht rot anlief und ein Hauch von Zorn in seiner Stimme lag, als er sagte: „Ich sitze in Besprechungen, weiß manchmal nicht, was ich sagen soll, und Sie bunkern die 'Bonbons' in Ihrem Schreibtisch." Über diesen Satz habe ich nachgedacht und ab sofort mein Verhalten geändert.

Meine Bitte an Sie, informieren Sie Ihre nächsten Vorgesetzten über wichtige Ereignisse.

Den Vorgesetzten loben

Immer wieder frage ich Mitarbeiter, wann sie zum letzten Mal ihren nächsten Vorgesetzten gelobt haben. Oft begegnet mir ein großes Staunen, das bis hin zur schroffen Ablehnung geht. Warum sollten Sie nicht den Vorgesetzten jene Akzeptanz erweisen, die wir uns alle wünschen? Bedenken Sie immer, auch Führungskräfte sind Menschen. Hier ein Beispiel aus einem Rhetorikseminar.

Ein Meister schimpfte recht intensiv auf seinen Vorgesetzten. Auf Argumente von mir, daß die Person möglicherweise auch eigene Probleme hat und sich über ein informatives oder auch persönliches Gespräch freuen würde, kam folgende Antwort: „Und ob der Probleme hat. Sein Sohn ist rauschgiftsüchtig." Auch hier ein Beweis, daß Sorgen und Probleme überall zu finden sind. Sehen Sie in Ihren Führungskräften Partner, mit denen Sie gemeinsam den Erfolg anstreben und für sich und andere die Berufsexistenz sichern. Nachstehend einige Punkte, die Ihnen helfen können, das Verhältnis zu den nächsten Führungsebenen zu verbessern:

♦ Die Personen mit Namen ansprechen.

♦ Positive und negative Informationen weiterleiten.

♦ Sich für bestimmte Ereignisse bedanken.

♦ Bei wichtigen Entscheidungen um Rat bitten.

♦ Das persönliche, auch das private Gespräch suchen.

Wie sieht mich mein Vorgesetzter?

Viele Mitarbeiterinnen und Mitarbeiter kontaktieren ihren Vorgesetzten immer nur dann, wenn sie Probleme haben. In einem Seminar hat ein Manager einmal gesagt: „Wenn der Mitarbeiter sich anmeldet oder direkt in mein Büro tritt, weiß ich, daß er Schwierigkeiten hat." Sie bitte ich jetzt zu überprüfen, welches Image Sie bei Ihren Vorgesetzten haben. Gelten Sie bei Ihrer Führungskraft als problemorientiert, oder werden Sie als eine Person wahrgenommen, die positive und negative Informationen weiterleitet?

Suchen Sie einmal im Jahr unaufgefordert ein persönliches Gespräch mit Ihrem Vorgesetzten. Lassen Sie sich Feedback geben. Fragen Sie, wie Sie gesehen werden. Was ist gut an Ihrem Verhalten? Was können Sie verbessern?

9. Besprechungen, Konferenzen, Tagungen

Besprechungen, Konferenzen, Tagungen, Kongresse und Symposien sind Treffen, in denen ein Austausch von Informationen stattfindet, oder die Bewältigung von Schwierigkeiten und Zukunftsperspektiven aufgezeigt wird. Oft gleiten solche Treffen in eine wenig effektive Routine ab. Fakten werden nicht oder nur oberflächlich angesprochen. Klar definierte, aber natürlich auch realistische Ziele, die von jedem einzelnen Anwesenden mitgetragen werden müssen, fehlen.

Allzu oft sind Besprechungen Gewohnheitstermine, Konferenzen Prestige-angelegenheiten, Tagungen Pflichterfüllung und Kongresse und Symposien amüsante Treffs und Plauderstunden mit langen Nächten und viel Alkohol.

Besprechungen

Wenn 50% aller Besprechungen ge strichen würden, hätte das meistens keinen negativen Einfluß auf den allgemeinen Informationsfluß und die daraus resultierenden Entscheidungen. Positiv wäre jedoch bei einer Redu-zierung der Besprechungen der Zeitgewinn und die Effektivität. Zwar wird häufig über das Ergebnis von Besprechungen gemeckert, aber keiner möchte auf sie verzichten. Nachstehend sind verschiedene Kriterien aufge-führt, die Ihnen die Möglichkeit geben, Ihre bisherigen Besprechungsmoda-litäten zu prüfen und notfalls zu verändern.

Abteilungsbesprechungen

Begrüßung

Bei Terminen, die sich regelmäßig wiederholen, reicht eine sehr kurze Be-grüßung. Als Einstiegsphase bieten sich regionale, nationale und internatio-nale Ereignisse auf dem Wirtschaftsmarkt an, die direkten oder indirekten Einfluß auf die Konjunktur des Unternehmens haben können. Eine Diskus-sion nach solchen Informationen ist jedoch nur dann interessant, wenn ein direkter Einfluß vorliegt. An dieser Stelle kann auf bestimmte Artikel in Fachzeitschriften hingewiesen oder diese können als Kopie verteilt werden.

Offene Punkte aus vorausgegangenen Besprechungen

Zunächst werden offene Punkte aus der letzten Besprechung auf ihre Erledigung angesprochen. Sollte die verantwortliche Person fehlen, wird dieser Punkt in das neue Protokoll übernommen. Es darf nicht passieren, daß bestimmte Zielabsprachen auf Grund einer längeren Bearbeitungszeit irgendwann verlorengehen.

Protokollführung

Bewährt hat sich, daß die Protokollführung immer wieder von einer anderen Person übernommen wird. Diese Aufgabe macht manchen Besprechungsteilnehmern Schwierigkeiten, und es ist sinnvoll, wenn ein Wechsel monatsweise erfolgt. Dieser Rhythmus gibt der jeweiligen Person die Möglichkeit, schneller und intensiver zu lernen.

Ziele

Die verantwortlichen Personen, die über die Durchführung der Besprechungen entscheiden, müssen sich immer wieder die Frage stellen, was mit diesem regelmäßigen Informationsaustausch erreicht werden soll. Hier steht auch die Überlegung, warum zu einem bestimmten Zeitpunkt diese Besprechungen angesetzt wurden. Entsprechen sie zum heutigen Zeitpunkt noch der damaligen Zielsetzung? Angenommen, als Verantwortlicher müßten Sie die Qualität der Besprechungen in einer Werteskala zwischen eins bis zehn beurteilen, welche Zahl könnten Sie jetzt nennen? Sollten Sie bei dieser Überlegung auf eine Zahl von unter sieben kommen, dann wird es allerhöchste Zeit, Sinn und Zweck der Besprechungen zu überdenken und entsprechend in ihrem Modus zu korrigieren. Helfen kann hier auch eine Abfrage und Diskussion mit allen Anwesenden über die Qualität der Besprechungen. Bei dieser Qualitätsabfrage im Besprechungsteam ist jedoch Voraussetzung, daß seine Mitglieder selbständig, kritisch und ohne irgendwelche Zwänge ihre Meinung äußern können.

Zielsetzungen, Zieldefinitionen und die damit verbundene Planung und Kontrolle sind wesentliche und entscheidende Elemente für den Erfolg einer Abteilung und damit auch des Unternehmens. Dementsprechend sollten auch die Besprechungen strukturiert ausgerichtet sein.

Zeitpunkt

Es ist sinnvoll, sich wiederholende Besprechungen auf einen bestimmten Wochentag und Uhrzeit festzulegen. Erfahrungsgemäß ist der Montagstermin aus zwei Gründen vorteilhaft: Es besteht erstens die Möglichkeit, die vorausgegangene Woche zu betrachten und zweitens für die begonnene Woche entsprechende Ziele zu definieren. Zu prüfen ist dabei, ob diese Besprechungen jeden Montag oder aber in einem Abstand von zwei oder drei Wochen erfolgen sollen. An anderen Wochentage befinden sich viele Prozesse stärker im Fluß und man empfindet die Woche weder als abgeschlossen noch beginnend. Freitagsbesprechungen haben den Nachteil, daß sich ein Teil der Anwesenden bereits in Wochenendstimmung befindet. Auf keinen Fall dürfen diese Zusammenkünfte eine so starke Routine erfahren, daß sie zur beliebten Plauderstunde werden.

In manchen Unternehmen ist der Zeitpunkt dieser regelmäßigen Besprechungen auf nachmittags 15 Uhr 30 oder 16 Uhr festgelegt. Ein Grund für diese Terminfestlegung ist häufig die Absicht, Besprechungen bis in den Abend hinein zu führen und dabei nur einen geringen Teil der Arbeitszeit zu investieren. Diese Terminierung birgt die große Gefahr in sich, daß sehr fähige Mitarbeiter im Interesse ihres Familienlebens interessante und wichtige Informationen zurückhalten, um das Ende des Treffens zu beschleunigen. Dadurch gewinnen die Teilnehmer, die gerne und viel reden, an Übergewicht bei den Gesprächsanteilen, was letztendlich zu Effektivitätsverlust führt. Besprechungen mit solcher Zeitplanung müssen Ausnahmen bleiben.

■ **Der gewählte Zeitpunkt entscheidet oft über den Erfolg einer Besprechung. Er sollte nur in Ausnahmefällen auf den Abend gelegt werden.**

Modus

Bitte prüfen Sie an dieser Stelle, welche angenehmen Gewohnheiten sich in Ihre regelmäßigen Besprechungen eingeschlichen haben. In vielen Firmen werden bei diesen Situationen Kaffee, kalte Getränke und Gebäck serviert. Diese Annehmlichkeiten sind gute Voraussetzungen, daß Besprechungen zu Plauderstunden verkommen. Zielorientierte Besprechungen erlauben allerhöchstens bereitgestellten Kaffee und Tee.

Die Anzahl der Teilnehmer bei Besprechungen ist zu begrenzen. Bis zu sechs Personen sind es kleine Besprechungen, zwischen acht und zwölf Personen mittelgroße, alles, was darüber liegt, sind große Besprechungen.

Folgende Modalitäten sind festzulegen:

♦ Spricht jede anwesende Person?

♦ Wer spricht wann?

♦ Wie lange spricht die Person? Die Zeit wird festgelegt, z. B. fünf Minuten, in Ausnahmefällen auch länger.

♦ Über welche Themen wird gesprochen?

♦ Kann über die einzelnen Punkte diskutiert werden?

Wer nimmt als Gast teil, bzw. welche Personen können zu bestimmten Vorgängen zusätzlich Informationen vermitteln?

Werden über einzelne Punkte Diskussionen geführt, hat der Moderator darauf zu achten, daß fair und ehrlich miteinander umgegangen wird. Fair heißt hier: keine persönlichen Angriffe, wie z. B. auf mangelnde Erfahrung oder auf fehlende Kompetenzen hinzuweisen. Ehrlichkeit erlaubt z. B. die Feststellung gegenüber einem Kollegen, daß bestimmte Punkte, die er aufgrund zweimaligen Fehlens nicht kennt, im Protokoll nachgelesen werden können. Das Aufwärmen bereits abgehandelter Themen ist ein Zeitfresser, der immer wieder praktiziert wird. Zielorientiert argumentieren verlangt Klarheit in der Sprache und eine erkennbare Abgrenzung der zu diskutierenden Themen gegenüber nicht relevanten Informationen.

Besprechungsführung

Die Qualität einer Besprechung hängt davon ab, wie sie geführt wird. Besprechungen sollten offen, informativ und im allgemeinen effektiv sein. Oft sind es Führungskräfte, die Treffen initiieren und über diesen Weg informiert sein wollen. Für die anwesenden Teilnehmer sind solche Besprechungen nichts anderes als eine Pflichterfüllung. Der eigentliche Hintergrund der Zusammenkünfte, über erhaltene Informationen bessere, zielorientierte und unternehmerische Entscheidungen zu treffen, ist nicht bewußt. Im Vordergrund steht das Bedürfnis, der Führungskraft zu gefallen.

Wichtig ist, daß die führende Person die Besprechung nicht zu reiner Selbstdarstellung mißbraucht. Leider kommt es noch viel zu häufig vor, daß Besprechungen in dieser Qualität ablaufen und zum Greuel aller Teilnehmer werden.

■ **Der Sprechanteil der führenden Person sollte im allgemeinen die Sprechzeit der anderen Teilnehmer nicht überschreiten und wenn, dann ausschließlich am Ende der Besprechung, um ein Resümee zu ziehen und entsprechende Ziele zu definieren.**

Situativ notwendige Besprechungstermine

Gemeint sind hier Besprechungstermine, die in sehr unregelmäßigen Abständen durchgeführt werden. In solchen Treffen gibt es wesentlich mehr unbekannte Faktoren und weniger gewohnte Modalitäten. Sie können abteilungsintern, abteilungsübergreifend und auch mit außenstehenden Geschäftspartnern durchgeführt werden. Dies kann voraussetzen, daß sich die einzelnen Personen mit ihrer Aufgabenverantwortung kurz vorstellen, bevor Inhalt und Ziele der Besprechung genannt werden. Die Zielabsprache gewinnt noch einmal eine besondere Bedeutung. Sie muß klar definiert und verständlich sein und von allen beteiligten Personen angenommen werden. Wer an solchen Treffen teilnimmt, sollte sich die Namen der Gesprächspartner notieren und auch während des allgemeinen Ablaufs hin und wieder nennen.

Diese Besprechungen unterliegen im allgemeinen den gleichen Modalitäten wie die in regelmäßigen Abständen festgelegten Treffen. Sie unterscheiden sich jedoch in der deutlicheren und klareren Zieldefinition, der damit verbundenen gründlicheren Vorbereitung und entsprechender Protokollierung.

Weitere wichtige Punkte:

♦ Es ist genau zu entscheiden, wer an der Besprechung teilnimmt.

♦ Welche Themen sollen bzw. müssen behandelt werden?

♦ Wer bereitet die festgelegten Besprechungsinhalte vor?

♦ Mit welchen Medien wird präsentiert? (siehe Moderation)

♦ Im Vorfeld festlegen, wer das Protokoll führt.

♦ Protokollierte Punkte werden vorgelesen evtl. korrigiert und mit an Personen gebundenen Zielen festgehalten.

♦ Mit der Zieldefinition werden auch Termine festgelegt.

♦ Diskussionsbeiträge aufmerksam verfolgen und notfalls begrenzen, Wiederholungen vermeiden.

Die bereits erwähnten Kommunikationskriterien unbedingt einhalten.

10. Lehrgespräche

Immer häufiger werden Führungskräfte in den Prozeß der Aus- und Weiterbildung einbezogen. Gespräche mit Auszubildenden, Praktikanten, neuen
Mitarbeiterinnen und Mitarbeitern sind notwendig. Diese Art der Informati-
onsvermittlung kann man als Lehrgespräch bezeichnen, mit dem Ziel Wissen zu vermitteln.

Das Wort „Lehrgespräch" beinhaltet, daß in diesem Prozeß nicht nur eine
einseitige Information stattfinden darf. Ein Gespräch ist eine wechselseitige
Kommunikation, in diesem Fall zwischen Lernenden und Informierenden.
Ein Lehrgespräch kann nur dann erfolgreich sein, wenn die Adressaten
bereit sind, die Inhalte zu akzeptieren und die Informationen als sinnvollen
Wissenszuwachs anzunehmen. Lernen ist ein komplizierter Vorgang, der
von folgenden Kriterien beeinflußt wird:

◆ Motivation,

◆ Aufmerksamkeit,

◆ Gedächtnis,

◆ Intelligenz.

Motivation

Motivation ist das Bedürfnis oder zumindest die Bereitschaft, bei sich Verhaltensänderungen herbeizuführen. Voraussetzung für einen solchen Prozeß
ist das Erkennen des Sinns und der Notwendigkeit. Für ein Lehrgespräch
bedeutet das, dem einzelnen in der Gruppe klarzumachen, welchen persönlichen Nutzen er durch den Zuwachs an Wissen für die Zukunft hat. Die
Frage an eine Gruppe, warum sie sich mit diesem Lehrstoff beschäftigt und
welche Vorteile sie zu erlangen wünscht, kann wichtiger sein als der Lehrstoff selbst. Von Zeit zu Zeit über den Sinn und Unsinn des Unterrichtsstof-
fes zu diskutieren ist für Lernende und den Lehrenden von großer Bedeutung. Der Schlüssel dazu ist die Kunst zu fragen.

Aufmerksamkeit

Aufmerksamkeit signalisiert die Bereitschaft, gerne und willentlich zu lernen. Die Aufmerksamkeit ist stark mit der Motivation verbunden.

Gedächtnis

Wir unterscheiden zwischen Kurz- und Langzeitgedächtnis. In einem Lehrgespräch wird bewußt das Langzeitgedächtnis gefordert. Unterstützt wird die Speichermöglichkeit, wenn der Lehrinhalt über mehrere Sinne wahrgenommen wird. So heißt es z. B., daß der Mensch

20 % von dem behält, was er hört,

30 % von dem, was er sieht und

50 % von dem, was er gesehen und gehört hat,

70 % von dem, was er selbst spricht und

90 %, dessen was er über praktisches Handeln lernt.

Auch dann, wenn diese Zahlen nicht eindeutig belegt und von Mensch zu Mensch abweichend sind, machen sie bewußt, daß nur hören für ein Lehrgespräch unzureichend ist.

Hören, Schreiben, damit verbunden visuelles Wahrnehmen und Sprechen über das Ergebnis und die eigene Leistung, das alles gehört zu einem intensiven Lernprozeß.

Intelligenz

Intelligenz ist die Begabung, neuartige Situationen zu erfassen und zu bewältigen, die Fähigkeit in Zusammenhängen zu denken, Schlüsse zu ziehen und daraus Verhaltensänderungen zu entwickeln. Sie ist die allgemeine geistige Anpassungsfähigkeit, mit neuen Aufgaben und Bedingungen des Lebens umzugehen. Bei einem Lehrgespräch ist dem Durchschnitt der Intelligenz in einer Gruppe Rechnung zu tragen.

Ein ebenfalls sehr wichtiger und oft unterschätzter Einfluß auf die Lernbereitschaft der Adressaten sind die Erwartungen, die der Informant gegenüber seinen Lernpartnern hat.

- **Hat der Lehrende eine hohe bis sehr hohe Erwartung, wird er selbst motivierter und überzeugender sein.**

Die Lernbereitschaft wird sehr stark von der Persönlichkeit des Lehrenden beeinflußt. Nach dem Grundsatz: Wer nichts erwartet, wird auch nichts erhalten, wird neben der Lehrmethodik auch die psychologische Ausstrahlung bzw. Suggestion einen wesentlichen Einfluß auf den Lernprozeß nehmen. Im Folgenden werden drei Schritte geschildert:

Vorbereitung des Lehrenden, Aufbereitung und Strukturierung des zu vermittelnden Stoffes und die Methodik.

Vorbereitung des Lehrenden

Sie beginnt bei der Stoffsammlung der zu vermittelnden Informationen. Damit verbunden ist die Selbstkontrolle des eigenen Wissensstandes, z. B. die Frage, ob die Inhalte den aktuellen Kenntnissen entsprechen. Die Konzeption ist daraufhin zu prüfen, ob das Ziel eines Transfers damit verwirklicht werden kann.

Aufbereitung und Strukturierung des zu vermittelnden Stoffes

Die Aufbereitung der Lehrinhalte muß dem vorhandenen Wissensstand der Lernenden angepaßt sein. Je weniger Vorkenntnisse vorhanden sind, um so gründlicher muß Basiswissen vermittelt werden. Dies verlangt eine klare, systematische Darstellung der Inhalte. Eine ideale Lernsituation entsteht, wenn die Informationen mit den persönlichen Alltagserlebnissen der Lernenden in Zusammenhang zu bringen sind. Der Einsatz von Medien, wie z. B. Overheadprojektor, Flip-Chart, Dias, Prospekte, Tonbänder und Videoclips können dabei helfen.

Methodik

Das Ziel des Lernens ist Wissenszuwachs, erweiterte Einsicht und daraus resultierend Verhaltensänderungen. Verhalten ist aktives Erleben. Intensives Lernen findet immer dann statt, wenn die Adressaten an einem dynamischen Prozeß teilhaben. Handeln, entdecken und erfahren sind die Wege moderner

Pädagogik. Das heißt, der Frontalunterricht ist „out", gruppendynamische Prozesse sind „in".

Auch neue, mehr oder weniger unbekannte Themen können in Gruppen erarbeitet werden. Bestimmte Themenblöcke werden den einzelnen Gruppen übergeben, die daraus mit Hilfe vorgegebener Fragen die Inhalte entsprechend aufarbeiten. Diese Fragen können sein:

♦ Was verstehen wir unter dem Thema, und was sagt es aus?

♦ Welchen Einfluß hat es auf den Erfolg einer Institution, ihre Personen und den Einzelnen?

♦ Welche Ziele lassen sich aus diesen Überlegungen ableiten?

♦ Wie kann ich persönlich Einfluß auf die Realisierung dieser Ziele nehmen?

Besteht zum Beispiel eine Gruppe aus vier Personen, so kann innerhalb der Gruppe entschieden werden, wer welche der vorliegenden und bearbeiteten Fragen in Form eines Kurzvortrages beantwortet.

Wichtige Fragen zur weiteren Reflexion:

❑ Welche Kriterien machen ein Lehrgespräch erfolgreich?

_____

❑ Warum ist der Frontalunterricht nicht mehr aktuell?

_____

❑ Wie können Sie Begeisterung auslösen?

_____

11. Verhandlungstechniken

Wir stehen sehr oft in Verhandlungen, ohne uns dessen bewußt zu sein. Gespräche bei Behörden, persönliche Interessendurchsetzung in der Familie, Zielverfolgung im beruflichen Alltag sind solche Situationen. Verhandeln ist ein natürlicher zwischenmenschlicher Prozeß. Ziel einer jeden Verhandlung ist es, eigene Interessen durchzusetzen. Dabei ist es wichtig zu beachten, daß der Verhandlungspartner grundsätzlich das gleiche Bestreben hat. Diese Tatsache verlangt die Überlegung: „Was erwartet der andere?" oder aber „Was kann ich dem anderen bieten, damit er bereit ist, meine Ziele zu realisieren?"

■ **Neben dem eigenen angestrebten Erfolg ist es ein wichtiger Aspekt, auch den des Verhandlungspartners mit zu berücksichtigen.**

Mit entscheidend für den Verhandlungserfolg ist die persönliche Einstellung zum Verhandlungspartner. Es gibt drei Ebenen:

◆ Die Vogelperspektive:
Wir blicken auf den anderen herunter, wirken überlegen bis arrogant und lösen Ablehnung und Distanz aus.

◆ Die Froschperspektive:
Wir sehen den Gesprächspartner in der stärkeren Position, fühlen uns unterlegen, treten unsicher auf, wirken dadurch weniger kompetent und lösen beim anderen das Gefühl der Überlegenheit aus.

◆ Die Partnerschaftsebene:
Wir fühlen uns gleichberechtigt mit dem anderen, begegnen diesem mit Respekt und Selbstbewußtsein, beiderseitige Interessen werden wahrgenommen und eine für beide akzeptable Lösung wird angestrebt.

Wie oft und wo immer Sie in Verhandlungen stehen, gehen Sie mental und emotional auf die Partnerschaftsebene. Mit diesem Bewußtsein werden Sie ohne besondere Anstrengungen eine offene und zielgerichtete Kommunikation entwickeln.

Der Erfolg in Verhandlungen wird noch von folgenden weiteren Faktoren beeinflußt:

Atmosphäre schaffen

Nur in einer positiven Atmosphäre kann ein gutes Gespräch stattfinden. Dieses Stimmungsbild wird zwar von äußeren Rahmenbedingungen beeinflußt, aber im wesentlichen von den teilnehmenden Personen getragen und geprägt. Das erste Gebot für ein gutes Stimmungsbild ist eine erkennbare Achtung und Akzeptanz gegenüber den Gesprächspartnern. Hierbei spielt der erste Eindruck eine große Rolle.

■ **Eine wesentliche Wahrnehmung erfolgt in den ersten sieben Sekunden.**

Somit ist die Aufmerksamkeit, die am Anfang eines Gesprächs den Partnern gezeigt wird, mit entscheidend für die gesamte Verhandlung.

Frei von Ängsten sein

Viele Menschen, die in Verhandlungen stehen, empfinden Unsicherheit bis hin zu Angst. Die Psychologie lehrt uns, daß nichts mehr die Fähigkeiten und Energien im Menschen blockiert als Ängste. Hier kann helfen, sich von bestimmten Erfolgszwängen frei zu machen. Warum sind Sie nicht bereit, auch mal andere Meinungen oder gar ein endgültiges Nein zu akzeptieren? Ein fehlender Erfolg ist nur dann negativ zu bewerten, wenn Sie sich im nachhinein den Vorwurf machen müssen, nicht alle Register Ihres Könnens und der vorhandenen Ressourcen taktisch eingesetzt zu haben. Wenn Sie sich von Ängsten freimachen wollen, kann Ihnen dabei ein klares Konzept und die eigene Zieldefinition helfen.

Wer immer Ihre Gesprächspartner sein werden, auch diese haben sicherlich ihre eigenen Bedenken, inwieweit ihre Ziele realisierbar sind. Auch dann, wenn die zu erwartenden Gesprächspartner in ihrer Position mehr Entscheidungsbefugnisse, Einfluß und gar Macht haben, treten Sie ihnen mit Respekt und Achtung, aber auch mit Selbstbewußtsein gegenüber.

Die Geschäftspartner erfolgreich machen

Prägen Sie Ihrem Gedächtnis den Grundsatz ein: Soweit ich dazu in der Lage bin, werde ich alles tun, um meine Geschäftspartner erfolgreich zu machen. Erweisen Sie ihnen Dienste, die nicht direkt mit dem Verhandlungsinhalt zusammenhängen. Wichtige detaillierte Marktinformationen, oder Vorinformationen über geplante Neuentwicklungen können helfen, Interesse für den Fortgang des Gesprächs zu fördern. Zeigen Sie ehrliches Interesse an den Personen und nicht nur an Ihren eigenen sachlich orientierten Geschäftserfolgen.

■ **Machen Sie aus Geschäftspartnern Geschäftsfreunde.**

Eine an Mitmenschlichkeit orientierte Verhandlungsbasis macht Sie frei von Ängsten, stärkt Ihr Selbstbewußtsein und läßt Sie ein sicheres Gespräch führen. Aus einer solchen Stärke heraus haben Sie erst recht die Chance, sicher und konsequent die Realisierung eigener Ziele zu verfolgen.

Äußere Rahmenbedingungen

Bei der Wahl des Besprechungszimmers sollten Sie darauf achten, daß der Raum nicht zu klein und somit zu eng ist. In einem zu großen Besprechungsraum sollten Sie das Gespräch in einen abgegrenzten Teilbereich des Zimmers verlegen. Scheuen Sie sich nicht, Tische und Stühle gemeinsam mit den Besprechungsteilnehmern umzustellen, wenn das nach Ihrem Ermessen bessere Bedingungen für alle schafft. Solche Kleinigkeiten können eher eine positive denn negative Stimmung erzeugen.

Drei Kriterien sind Voraussetzung für den sicheren Erfolg in Verhandlungen.

♦ Psychologisch: Eine positive bejahende, vom Willen zum Erfolg getragene Einstellung zu Verhandlungen.

♦ Organisatorisch: Vorbereitung auf das Gespräch, Festlegung eines sinnvollen Zeitpunktes, Besprechungsort und Strategie.

♦ Verbales Verhalten: Zuhören können, konfliktfreie Gesprächsführung, positive Reizworte, gezieltes Einsetzen der Fragetechnik.

Erfolgreiches Verhandeln verlangt eine hohe Wachsamkeit der Sinne. Im Vordergrund steht das bewußte Wahrnehmen der Gesprächspartner. Diese Wahrnehmung erfolgt visuell und auditiv. Hinzu kommt die kinästhetische Wahrnehmung – anfassen, tasten, fühlen – z. B. bei der Begrüßung das Berühren der Hände, das Abtasten präsentierter Produkte.

Bitte stellen Sie bei sich selbst fest, auf welcher dieser Ebenen Ihre Wahrnehmung am stärksten erfolgt. Sind Sie ein Mensch, der sehr viel mit dem Auge wahrnimmt, können Sie gut zuhören und erkennen dabei die unterschiedlichen Betonungen und Stimmungen in der Sprache? Oder sind Sie mehr der Pragmatiker, der gerne tastet und fühlt?

Es ist relativ leicht, bei sich selbst, aber auch bei anderen Menschen festzustellen, auf welchen Ebenen die stärksten Wahrnehmungen erfolgen. In Verhandlungen ist es wichtig, die Aufmerksamkeit auf die auditive Ebene zu lenken. Hören, was gesagt wird, und dabei Worte und Stimmungen zu erfassen ist die Voraussetzung dafür, sich situationsadäquat zu verhalten.

Verhandeln ist Psychologie. Psychologie interpretiert das seelische Erleben des Menschen. In Verhandlungen dieses seelische Erleben bei sich selbst und bei anderen Menschen zu erkennen und gewollt zu beeinflussen ist ein sicherer Weg, im Sinne beider Parteien erfolgreich miteinander umzugehen.

Verhandeln können heißt, die Gesprächspartner in ihrem seelischen Erleben zu erkennen, Veränderungen wahrzunehmen und entsprechend zu reagieren. Angenommen, Sie stellen während eines Gespräches fest, daß sich Ihr Gesprächspartner plötzlich ablehnend verhält. Diese Ablehnung kann über die Sprache, aber fast immer auch gleichzeitig über eine veränderte Körperhaltung erkannt werden. Für Sie verlangt eine solche Situation nicht nur, dieses spezifische Verhalten zu erkennen, sondern auch die Bereitschaft, den anderen in dieser Situation zu verstehen und ihn auf seiner emotionalen Ebene abzuholen. In solchen Situationen können offene Fragen, also W-Fragen, helfen, eine Gemeinsamkeit wieder aufzubauen.

Eine Verhandlung wird immer, gleichgültig mit welchen Techniken und Argumenten sie geführt wird, nur ein Ziel anstreben, die eigenen bzw. die zu vertretenden Bedürfnisse und Wünsche zu verwirklichen. Diese Bedürfnisse sind so vielfältig und unterschiedlich, wie die Einzelmenschen und Interessengruppen.

Grundsätzlich läßt sich ein Verhandlungsgespräch im Geschäftsbereich in sieben Schritte gliedern. Diese sind:

♦ Kontaktaufnahme und Terminvereinbarung,

♦ Gesprächsvorbereitung,

♦ Begrüßungsphase beim Treffen,

♦ Bedarfsanalyse,

♦ Produktpräsentation,

♦ Abschluß,

♦ Nacharbeiten.

1. Schritt: Kontaktaufnahme und Terminvereinbarung

Dieser erste Schritt umfaßt mehrere Möglichkeiten und Situationen. Wird der Kontakt mit einem bestehenden Kunden aufgenommen, oder ist es ein erster Kontakt mit einem möglichen Geschäftspartner? Die erste Begegnung mit einem neuen Geschäftspartner verlangt spezifische Verhaltensweisen. Wichtig sind gute Kenntnisse wie z. B. über die Größe des Unternehmens, internationale Verzweigung, Produktsortiment, Technologien, Position im Markt und Liquidität.

Diese Kenntnisse über einen eventuellen Geschäftspartner geben Ihnen nicht nur Sicherheit, sondern auch die Chance, gezielt zu argumentieren und wenn notwendig, spezifische Fragen zu stellen. Falls Ihr eigenes Unternehmen nicht bekannt ist, ist ein kurzes Firmenprofil notwendig.

Dem ersten Schritt vorgelagert ist die Marktanalyse. Das bedeutet, daß Sie z. B. wissen, wieviel Prozent Marktanteile Sie haben, welche Mitanbieter existieren, was Sie mit Ihren Produkten bei der Kundschaft abdecken und welche marktorientierten Unternehmensziele Sie haben.

2. Schritt: Gesprächsvorbereitung

Viele verantwortliche Menschen im industriellen Verkauf, im Handel, in der Gerichtsbarkeit, versäumen, sich auf wichtige Gespräche systematisch vorzubereiten. Oft analysieren sie Mißerfolge bei Verhandlungen nicht detailliert genug um die Ursache für Fehlverhalten zu erkennen. Erfahrungen und gute Gewohnheiten genügen oft nicht, um den Erfolg in Verhandlungen zu garantieren. Häufig fehlen die einfachsten Grundlagen, um von einer formierten Basis aus sicher und gezielt zu argumentieren.

3. Schritt: Begrüßungsphase beim Treffen

Das Begrüßen der Gesprächspartner soll freundlich, höflich und verbindlich sein. Sprechen Sie Ihre Besucher möglichst mit Namen an. Falls die erste Vorstellung erfolgt, Name des Gesprächspartners wiederholen und prüfen, ob Sie ihn richtig ausgesprochen haben. Bei der ersten Begegnung mit mehreren Besuchern ist das Behalten der Namen schwierig. Es sei denn, es werden Visitenkarten ausgetauscht. Falls nicht, ist es wichtig, daß Sie sich sobald wie möglich die Namen aufschreiben.

♦ Zu der Begrüßungsphase gehören noch folgende Punkte:

♦ Fragen Sie, wie die Anreise gewesen ist.

♦ Fragen Sie, in welchem Hotel ihr Gesprächspartner untergebracht ist.

♦ Sofern möglich, nach Familiensituation fragen.

♦ Überleiten zur allgemeinen Marktsituation.

♦ Gesprächspartner nach Einschätzung der Marktsituation fragen.

♦ Jetzt zur Bedarfsanalyse überführen.

4. Schritt: Bedarfsanalyse

Die Bedarfsanalyse ist in sehr vielen Verhandlungen der eigentliche Schritt zu einem erfolgreichen Abschluß. Die Bedarfsanalyse ist nicht als eine Mengenabfrage zu verstehen, sondern sie befaßt sich mit der gesamten Problematik der Kundensituation. Die Bedarfsanalyse ist deswegen so wichtig, weil sie ein Interesse an dem Problem des Kunden signalisiert und zu einer Vertrauensbasis führt. Es gehört zur guten Sitte, zwischen den Fragen auch eigene Informationen zu geben. Entscheidend ist, daß Sie die gesamte Breite der Problematik bzw. der Ziele und Wünsche Ihrer Gesprächspartner kennenlernen. Überwiegend W-Fragen können Ihnen dabei helfen. Zum Beispiel:

- Wie hat sich Ihre Situation entwickelt?
- Welche Schwierigkeiten sind bei Ihnen aufgetreten?
- Was erwarten Ihre Kunden von Ihnen?
- Welche Möglichkeiten haben wir, Ihnen zu helfen?
- Wie sind Ihre Erfahrungen mit unseren Produkten?
- Welche Technologien setzen Sie ein?

Die aufgelisteten Fragen sind wenige Beispiele, die situativ eingebracht werden können. Sie haben die Möglichkeit, sich vor einem Gespräch Fragen zu notieren. Durch eine gute Bedarfsanalyse erhalten Sie Informationen, die Ihnen die Möglichkeit geben, gezielt zu argumentieren.

5. Schritt: Produktpräsentation

Der Punkt der Präsentation wird oft unterschätzt. Gleichgültig, ob ich ein Produkt oder eine Dienstleistung präsentiere, sie wird von dem Kunden als ein Lösungsvorschlag wahrgenommen und mit den eigenen Zielen verbunden. In dieser Phase wird das Gespräch zu einer Beratung. Wichtig ist eine sinnvolle Produktnutzenargumentation. Die Produktnutzenargumentation erfolgt in zwei Schritten: Im ersten Schritt werden die Produktmerkmale, Eigenschaften und die Beschaffenheit herausgestellt:

- Merkmale: Farbe, Größe, Design, Gewicht,
- Beschaffenheit: fest, flüssig, gasförmig, kristallin, grobkörnig, rauhe Oberfläche,
- Eigenschaften: variabel, gut zu handhaben, stabil, umweltfreundlich, sicher, lange Lebensdauer, wenig reklamationsanfällig, hoher Reinheitsgrad, ungiftig.

Im zweiten Schritt sollten Sie darauf achten, daß Sie die Eigenschaften, aber auch die Merkmale und die Beschaffenheit Ihrer Leistung als persönlichen Nutzen für den Kunden herausstellen. Dabei ist es wichtig, die Gesprächspartner persönlich anzusprechen. Das heißt, daß Sie Formulierungen wie: „man hat", „man kann" vermeiden und statt dessen : „Sie haben", „Sie können", „es ist Ihr Vorteil", verwenden.

6. Schritt: Abschluß

Der Abschluß beginnt am Anfang eines Verkaufsgespräches. Wenn Sie den Abschluß mit dem Gipfel eines Berges vergleichen, dann ist der erste Schritt am Fuß des Berges der Beginn des Abschlusses. Das heißt, daß während der gesamten Verhandlung mit dem Kunden der Kauf vorprogrammiert wird.

Der Abschluß ist der Höhepunkt einer jeden Verhandlung. Er wird von dem Kunden genau so gewünscht wie von Ihnen. Eine Verhandlung ohne Abschluß ist wenigstens teilweise für beide Seiten eine Fehlinvestition. Aus diesem Grund muß für Sie der Abschluß zu einem Selbstverständnis werden. Wenn Sie in dieser Phase Ihrer Gesprächsführung unsicher werden und Zweifel aufkommen lassen, wird sich das auch auf Ihre Partner übertragen. Einwände sind Kaufsignale und für Sie eine Chance, die Vorteile Ihrer Produkte nochmals herauszustellen.

Achten Sie darauf, daß Sie die Abschlußbereitschaft Ihrer Gesprächspartner erkennen. Vermeiden Sie es, die Abschlußsituation zu zerreden.

7. Schritt: Nacharbeiten

Die Formen der Nacharbeit können sehr unterschiedlich sein. Ist es ein einmaliges Geschäft, das Sie mit einem Partner abgeschlosssen haben, sollten Sie ihm am Ende einer Verhandlung die gleiche Aufmerksamkeit schenken wie bei der Begrüßung. Oft ist es nicht angebracht, zu viele Dankesworte für den Abschluß einzubringen. Bedanken Sie sich für ein gutes Gespräch, beglückwünschen Sie den Kunden zu seiner Entscheidung und wünschen Sie ihm beim Einsatz Ihrer Produkte Erfolg und gutes Gelingen.

Bei Geschäftsverbindungen, die bereits bestehen oder sich entwickeln, ist es sinnvoll, sich schriftlich zu bedanken. Selbst wenn kein Abschluß erfolgte, können Sie auf diesem Wege das Interesse an einem weiteren Kontakt erkennbar machen. Daß ein solches Verhalten oft ausbleibt, ist bekannt. Weniger bekannt sind die Wirkungen solcher Schreiben.

Eine echte Nacharbeit liegt vor, wenn nach Abschluß der Verhandlungen bestimmte Punkte offen blieben und von Ihnen zu erledigen sind. Beispiele können sein: Preisbestätigung, Prospektmaterial, Mustersendungen, andere

Informationen aus dem Unternehmen, Festlegung eines neuen Besuchstermins usw.

Verhandeln und Verkaufen

Sie beeinflussen Prozesse, die den Ablauf der betriebswirtschaftlichen Dynamik in der Industrie aufrecht erhalten, den Erfolg eines Unternehmens beeinflussen und seine Existenz erhalten. Wichtig sind folgende Punkte:

♦ Vorbereitung auf das Gespräch. Hierzu gehört auch die Feststellung, ob es ein erster Kontakt ist oder ob Sie sich mit Personen treffen, die Sie aus vorausgegangenen Gesprächen kennen, jedoch neue Gründe vorliegen, einen weiteren Gedankenaustausch zu entwickeln.

♦ Gründlich überlegen, welche Erwartungen der oder die Gesprächspartner in das Gespräch mit Ihnen einbringen.

♦ Sind aus eventuell vorausgegangenen Gesprächen Punkte offen geblieben, die jetzt beantwortet werden können und sollen?

♦ Gibt es unangenehme Inhalte oder Fragen, die an den Anfang eines Gesprächs gesetzt werden müssen? Beispiele können sein: nicht eingehaltene Termine, mehrmals verschobene Besprechungen, nicht erfolgter Informationsaustausch, nicht bezahlte Rechnungen, Streitgespräche am Telefon. Unangenehme Punkte niemals an das Ende eines Gesprächs setzen. Schwierige Gesprächspunkte sollten mit Selbstbewußtsein ruhig und gelassen behandelt werden. Je offener und freier Sie damit umgehen, um so lockerer werden solche schwierigen Fragen geklärt.

♦ Seien Sie bereit, im Rahmen der Ihnen zur Verfügung stehenden Möglichkeiten Ihre Verhandlungspartner erfolgreich zu machen. Erweisen Sie Ihren Partnern Dienste, die nicht direkt mit dem Verhandlungsgegenstand zusammenhängen. Dazu zählen auch alle interessanten Informationen, die Sie weitergeben können und die für die andere Seite wichtig sind.

♦ Zeigen Sie ein ehrliches Interesse an den Schwierigkeiten und Problemen der Gesprächspartner.

♦ Schaffen Sie durch Ihr freundliches, höfliches und trotzdem sicheres und entschlossenes Auftreten eine Atmosphäre, in der ein ehrliches und kreatives Argumentieren möglich ist.

♦ Am Ende einer Verhandlung sollten beide Seiten das Gefühl haben, ein erfolgreiches Gespräch erlebt zu haben.

♦

Argumentatives Verhalten in Verhandlungen

Argumentieren heißt übersetzt Beweisführung bzw. Gründe aufführen, die bestimmte Aussagen bestätigen. Argumente sind verbale Botschaften, die persönliche Erfahrungen, Handlungsweisen, Zieldefinitionen, Qualitätsmerkmale so stark untermauern, daß sie von der Gegenseite als etwas Echtes, Ehrliches und Wahres akzeptiert werden können.

Gekonntes Argumentieren verlangt folgende Eigenschaften:

♦ Gute Fachkenntnisse,

♦ Beherrschung von Techniken,

♦ sprachliche Brillanz,

♦ Menschenkenntnis,

♦ Toleranz gegenüber Menschen,

♦ Ausdauer und Beharrlichkeit,

♦ keine Angst vor einem 'Nein' haben,

♦ zielorientiert denken und handeln.

Diese hier aufgeführten Eigenschaften werden sicherlich nicht in allen Verhandlungen verlangt. Über das Maß erfolgreichen Verhandelns entscheidet eine situativ systematische und taktische Gesprächsführung Der Umgang mit Behörden fordert von uns ein anderes Verhalten als z. B. ein Gespräch im Einzelhandel bzw. in der Industrie. Einige der wertvollsten Eigenschaften sind Ausdauer, Beharrlichkeit und Durchsetzungsvermögen. Oft gilt der Grundsatz: „Eine Verhandlung beginnt immer erst dann, wenn der Gesprächspartner nein sagt." Das Nein darf keine Barrieren aufbauen, sollte uns jedoch zu einem analytischen Denken und verstärkter Argumentation animieren. Grundsätzlich ist dabei zu berücksichtigen, daß das Ergebnis einer Verhandlung am Ende beiden Parteien das Gefühl des Erfolgs vermitteln sollte. Diese Grundeinstellung im Umgang mit dem Verhandlungspartner garantiert langjährige Geschäftsverbindungen und ist Bestandteil zukunftsorientierter Geschäftspartnerschaften. Diese faire Einstellung läßt trotzdem eine konsequente und entschlossene Haltung bei der Verwirklichung der zu vertretenden Interessen zu.

Wichtige Fragen zur weiteren Reflexion:

❏ Warum ist es in Verhandlungen wichtig gezielt zu fragen?

_____

❏ Welchen Einfluß hat die Fähigkeit zuzuhören, auf den Erfolg einer Verhandlung?

_____

❏ An was denken Sie bei dem Satz: Eine Verhandlung beginnt erst dann, wenn der Gesprächspartner zum ersten Mal nein sagt.

_____

12. Richtig und überzeugend telefonieren

Telefonieren ist eine besondere Form der Kommunikation. Beim Telefonieren entfallen alle Signale der Körpersprache. Eine visuelle Wahrnehmung der Mimik, der Gestik und auch der Augensuggestionen ist nicht möglich. Alle Macht geht von dem Wort und der Stimme aus. Das verlangt mehr Bewußtsein für die Sprache, gekonnten Umgang mit unseren Gefühlen und gezielten Einsatz unserer Stimme.

■ **Erfolgreich telefonieren verlangt festgelegte Rituale.**

Wenn wir andere Verhaltensweisen, die für uns zur Gewohnheit geworden sind, zum Beispiel das Autofahren, analysieren, werden wir immer wieder die gleichen eingespielten Vorgehensweisen feststellen. So ist das Ritual, einen Zündschlüssel ins Zündschloß zu stecken, das Auto anzulassen, anzufahren und uns in Richtung eines bestimmten Zieles zu orientieren, zu einer automatischen Handlungsabfolge geworden.

Was uns beim Autofahren immer wieder eine bestimmte Haltung abverlangt, sind Verkehrsverbote und Gebote und sonstige durch Paragraphen vorgegebene „Spielregeln". Beim Telefonieren fehlen diese Rahmenbedingungen, die uns veranlassen, unser kommunikatives Verhalten mit dem Medium Telefon zu systematisieren.

Viele Beispiele in der Industrie und im Handel beweisen, wenn bestimmte Spielregeln beachtet werden, daß das Telefonieren zu einer erfolgreichen Kommunikation wird: Zum Beispiel sind zwei Verkäufer damit beauftragt, über Telefonmarketing gleiche Produkte in verschiedene Marktregionen zu verkaufen. Der eine ist sehr erfolgreich, der andere Mitarbeiter erzielt trotz großer Aktivitäten nicht einmal 50% des Umsatzes seines Kollegen. Woran liegt das?

Erfolgreiches Telefonieren verlangt die Erfüllung bestimmter Verhaltensweisen:

♦ Organisatorische Vorbereitung,

♦ fachliche Vorinformation,

♦ Beachtung der Sprechtechnik,

♦ psychologische Sensibilität.

Organisatorische Vorbereitung

♦ Sich gut auf das Gespräch vorbereiten,

♦ wichtige Informationen notieren,

♦ alle notwendigen Arbeitsmaterialien liegen bereit,

♦ notwendige fachliche Unterlagen zurechtlegen,

♦ versprochene Rückrufe termingerecht erledigen,

♦ erforderliche Zwischeninformationen vermitteln,

♦ Adressen sorgfältig und vollständig notieren.

Fachliche Vorinformation

♦ Die telefonierende Person ist fachlich informiert.

♦ Die Attraktivität der Leistung bzw. der Produkte deutlich herausstellen, Produktnutzenargumente nennen.

♦ Produktvorteile gegenüber Produkten der Mitanbieter verdeutlichen.

♦ Serviceleistungen anbieten.

♦ Vorhandenes Wissen sinnvoll einbringen.

Beachtung der Sprechtechnik

♦ Deutliche Aussprache,

♦ vermeiden Sie zuviel Dialekt,

♦ laut und langsam sprechen,

♦ nicht nervös, hastig oder monoton reden,

♦ zeigen Sie Interesse,

♦ seien Sie freundlich und verbindlich,

♦ fassen Sie sich kurz und bündig,

♦ die Gesprächspartner aussprechen lassen,

♦ schwierigen Namen richtig buchstabieren,

♦ zielorientiert Fragetechnik einsetzen,

♦ vermeiden Sie beim Telefonieren: trinken, essen, kauen, rauchen.

Psychologische Sensibilität

♦ Weniger Ich-Form, mehr Du/Sie-Form,

♦ sich für erkannte Fehler entschuldigen,

♦ auf Beanstandungen der Gesprächspartner eingehen,

♦ Geduld haben,

♦ nicht die Sprechmuschel zuhalten,

♦ sich entschuldigen, wenn Sie den Hörer hinlegen.

Wenn Sie die hier genannten Verhaltensweisen berücksichtigen, werden Sie erfolgreiche Telefongespräche führen.

Nachstehend ein weiteres Beispiel für gutes Telefonieren:

Angenommen, Sie rufen an und wünschen eine bestimmte Person zu sprechen. Wenn diese nicht anwesend ist, so hat Ihr Gesprächspartner folgende zwei Möglichkeiten, Sie zu fragen:

„Wie kann ich Ihnen helfen?"

oder:

„Um was geht es denn?"

Die zweite Frage: „Um was geht es denn?" ist nicht nur unhöflich, sondern signalisiert darüber hinaus Ungeduld und einen versteckten Ärger, gestört zu werden. Die erste Frage: „Wie kann ich Ihnen helfen?" oder auch etwas anders formuliert, „Welche Möglichkeit habe ich, Ihnen zu helfen?" zeigt neben der Bereitschaft zu helfen Offenheit, Verbindlichkeit und das Annehmen der Situation.

Immer häufiger wird in Unternehmen das Gespräch am Telefon einer Geschäftsreise vorgezogen. Dieser Weg des Kontaktierens ist schneller und vor allem auch billiger. Die Qualität eines persönlichen Gesprächs wird aber nicht erreicht. Diese Tatsache beruht auch darauf, daß nicht richtig telefoniert wird. Bewußt oder unbewußt entwickeln Sprecherinnen und Sprecher am Telefon ein unpersönliches und distanziertes Verhalten. Diese Distanz entsteht dadurch, daß der unpersönliche Hörer zum einzigen Bindeglied zwischen den Gesprächspartnern wird.

Technokratisches, also unfreundliches oder auch kaltes bis abweisendes Verhalten bedeutet in den häufigsten Fällen, daß die Kommunikation mit dem Hörer, nicht mit der Person durchgeführt wird.

■ **Erfolgreiches Telefonieren verlangt von uns, mit den Gedanken und Empfindungen beim Empfänger zu weilen.**

Was hierunter zu verstehen ist, können Sie über folgenden mentalen Versuch erfassen:

Stellen Sie sich bitte vor, Sie führen ein Telefongespräch mit einem Menschen, der Ihnen viel bedeutet. Ihr Wunsch ist es, ganz in der Nähe dieses Menschen zu sein, mit ihm unter vier Augen zu plaudern oder sogar Zärtlichkeiten auszutauschen. In diesem Fall sprechen Sie nicht mit dem Hörer, sondern sind mit Ihrer gesamten Psyche am anderen Ende der gewählten Telefonleitung. Bitte spüren Sie jetzt noch mal die gesamten Empfindungen, die Sie bei einem solchen Gespräch haben. Jetzt die andere Situation:

Sie brauchen eine Telefonnummer. Ein Telefonbuch steht Ihnen nicht zur Verfügung. Sie rufen die Auskunft an. Was Sie erwarten, sind Zahlen. Dementsprechend geht auch Ihre emotionale Empfindung nicht weiter als bis zur Sprechmuschel. Probieren Sie es aus. Sie werden bei diesen beiden Versuchen völlig unterschiedliche Empfindungen wahrnehmen. Menschen, die über das Telefonieren sehr erfolgreich sind, leben grundsätzlich die erste Version. Sie sind mit ihren Gedanken und Empfindungen bei ihren Gesprächspartnern. Dadurch wird jedes Wort, das sie in den Hörer sprechen, zu einer starken Botschaft, die den anderen Menschen auch dementsprechend erreicht. Diese Art zu telefonieren ist in hohem Maße eine Frage des Wollens und des Trainierens.

Wichtig beim Telefonieren sind klare Angaben über Größen, Farben, Zustände. Nachstehend einige Beispiele:

Ungenaue Formulierungen:	**Richtig müßte es heißen:**
Es ist ungenau.	Die Größe ist 180 cm.
Es läßt sich nicht ändern.	Der jetzige Zustand ist zu akzeptieren.
Die Farbe müßte anders sein.	Die Farbe rot ist richtig.
Es hat nicht gepaßt.	Das Teil war 2 cm zu groß.
Es kommt selten vor.	In drei von hundert Fällen.
In den nächsten Tagen.	Mittwoch oder Donnerstag.
Kleine Mengen.	ca. 20 Gramm.

Kostenbewußtsein

Erfolgreich Telefonieren verlangt ein gutes Benehmen und die Berücksichtigung bestimmter Techniken. Darüber hinaus gibt es jedoch oft Gespräche, die eher Beschäftigungstherapie als gekonnte Kommunikation erkennbar machen. Höflichkeit hat nichts mit Geschwätzigkeit zu tun. Auch kurze und präzise geführte Gespräche können verbindlich sein. Mit dem Ziel, Kosten zu minimieren, ist die Wahl des Zeitpunktes von Bedeutung. Bei Nichtantreffen der gewünschten Person, bzw. wenn bestimmte Fragen nicht direkt beantwortet werden können, ist es sinnvoll, um einen Rückruf zu bitten oder selbst zu einem etwas späteren Zeitpunkt zurückzurufen.

Körperhaltung

Wenn Sie sorgfältig Menschen beim Telefonieren beobachten, können Sie über die Körperhaltung erkennen, in welcher Atmosphäre das Gespräch geführt wird. Bei sehr ernsthaften Gesprächen werden Sie häufig feststellen, daß die beobachtete Person steht. Menschen, die ein Liebesgespräch am

Telefon führen, wenden sich mehr und mehr von ihrem Umfeld ab und wirken in sich versunken. Die Blicke sind häufig zum Tisch gerichtet, wenn sie stehen, zum Boden. Hat jedoch die betreffenden Person Angst, andere könnten zuhören, dann wird das Umfeld wachsam beobachtet. Außerdem wird die Stimme leiser und die Hörermuschel berührt fast die Lippen. Wenn nun Gesprächsinhalte beim Telefonieren bestimmte Körpersignale auslösen, wird verständlich, daß wir natürlich umgekehrt über bewußte Körperhaltung auch unsere Stimme beeinflussen können. Davon ausgehend, daß Stimme etwas mit Stimmung zu tun hat, wird ein Gespräch, das im Stehen geführt wird, eine andere Sprachdynamik zeigen als ein Gespräch im Sitzen und mit den Füßen auf dem Schreibtisch.

Bitte machen Sie noch folgenden Versuch: Stellen Sie sich vor einen Spiegel, schauen Sie sich an, und fangen Sie an zu lachen. Selbst wenn Ihnen nicht im geringsten zum Lachen zumute ist, werden Sie nach drei- bis vier Versuchen feststellen, daß über Ihr lachendes Gesicht im Spiegel sich Ihr Stimmungsbild verändert. Dieser Versuch, auf das Telefonieren übertragen, möchte zum Ausdruck bringen, daß eine gewollte Freundlichkeit beim Telefonieren auch Ihre Stimme freundlicher und verbindlicher macht. In diesem Zusammenhang möchte ich Sie noch auffordern, das Kapitel „Positive und negative Reizworte" durchzuarbeiten.

Namensnennung

Der Name des Menschen ist für ihn ein faszinierendes Wort. Ihn zu hören oder zu lesen ist immer wieder ein besonderes Erlebnis. Unser Name hat etwas mit unserer Identität zu tun. Wir sagen auch häufig: „Ich bin der und der", wir sagen: „Mein Name ist ...". Das Wort „ist" steht hier für „Sein". Das heißt, ich bin existentiell, ich bin ich.

Den Namen eines Menschen zu nennen bedeutet, von wenigen Ausnahmen abgesehen, immer, einen persönlichen Kontakt herzustellen. Es ist ein Unterschied, ob ich sage: „Guten Morgen" oder ob ich sage: „Guten Morgen, Frau Mendel".

Generell sollten wir uns angewöhnen, Menschen bei ihren Namen zu nennen. In einem Seminar für Telefonmarketing sagte eine Frau in Verbindung mit dem Thema Namensnennung wörtlich: „Sie haben ja so recht. Mein Mann sagt nie meinen Namen." In der Art und Weise, wie diese Frau den

Satz sprach, war eine regelrechte Sehnsucht nach der Namensnennung durch ihren Mann zu spüren. Auch im privaten Bereich gehört es zur Sorgfalt im Umgang mit Menschen, sie mit ihrem Namen anzusprechen.

■ **Beim Telefonieren ist es wichtig, den Namen zweimal zu nennen, und zwar am Anfang und am Ende eines Telefongesprächs.**

Wird das Gespräch über längere Zeit geführt, d. h. über zwei bis drei Minuten hinaus, ist es sinnvoll, in wichtigen oder kritischen Gesprächsphasen den Namen zu wiederholen. In diesen Momenten den Namen der Gesprächspartner zu nennen bedeutet, ihnen zu bestätigen, daß Sie sie ernst nehmen und akzeptieren. Mit Beginn eines Gesprächs ist es wichtig, den Namen richtig zu verstehen und ihn aufzuschreiben. Notfalls sofort nachfragen und buchstabieren lassen. Wenn dieser Vorgang zu eilig geschieht, um eine langsame Wiederholung bitten. Ist dieser Vorgang abgeschlossen, dann den Namen benutzen und den Grund des Gesprächs nennen.

Gesprächsanteile

Nur dann, wenn Sie über Ihren Anruf den Anrufbeantworter erreichen, ist ein Monolog erlaubt. In jeder anderen Situation ist es wichtig, daß Sie, gleichgültig mit wem Sie sprechen, einen Dialog entwickeln. Idealerweise sollten die Gesprächsanteile in etwa ausgeglichen sein. Selbstverständlich gibt es auch Gespräche, in denen Sie den Hauptanteil der Gesprächszeit nutzen oder die wesentlich größeren Anteile den Gesprächspartnern überlassen.

Es kommt vor, daß Personen mit übertriebenem Sendungsbewußtsein ununterbrochen reden und bei einer Gesprächsdauer von etwa 30 Minuten 29 Minuten für sich beanspruchen und 1 Minute dem Partner überlassen.

■ **Lassen Sie dem Gesprächspartner genug Redezeit, um sich zu äußern.**

Wichtige Fragen zur weiteren Reflexion:

❑ Wie bereiten Sie sich auf ein Telefongespräch vor?

_____

❑ Welche Körperhaltung nehmen Sie beim Telefonieren ein?

_____

❑ Wie oft nennen Sie den Namen Ihrer Gesprächspartner?

_____

Teil IV:

Gruppendynamische Prozesse:

Moderation, Präsentation, Visualisierungstechniken

1. Der Moderator

Moderieren ist eine Technik, das gesamte Potential in einer Gruppe zu erfassen und zu gemeinsamen Anschauungen und Zielen zusammenzuführen.

Der Moderator ist das verbindende Element zwischen den Informationen verschiedener Menschen. Seine Aufgabe ist es, zu verknüpfen, zu egalisieren, Barrieren zu eliminieren und unterschiedliche Aspekte zu einem Ganzen zusammenzuführen. Sein schöpferischer Anteil ist die Fähigkeit, geeignete Wege zu erkennen und zu finden, das differenzierte Potential einer Gruppe, eines Teams, aber auch unterschiedlicher Parteien zu einheitlichen Anschauungen zu formen.

Der Moderator sollte folgendes Profil haben:

Verhalten

♦ Ruhiges, freundliches und verbindliches Auftreten, lebendig und dynamisch sein, aber auch situativ konsequentes Auftreten zeigen, ohne dabei unfreundlich zu wirken.

Fähigkeiten

♦ Objektiv sein, Systematik entwickeln, die Kunst des Fragens beherrschen, zuhören können, gesprächsfreudig sein, Vertrauen aufbauen und überzeugen können, Berührungspunkte zwischen unterschiedlichen Aussagen erkennen und deutlich machen.

Kompetenzen

Einen Gesamtüberblick über das zu behandelnde Thema haben, die angestrebten Ziele im Detail überschauen und Ergebnisse zusammenfassen können, das Spektrum der Visualisierungstechniken beherrschen.

Ziele

Die Zielsetzung ist der entscheidende Punkt, um das Gelingen einer Veranstaltung zu garantieren. Es gehört zu den Aufgaben der verantwortlichen Personen, sich immer wieder folgende Fragen zu stellen:

♦ Wo stehen wir zur Zeit, d. h. welcher Ist-Stand liegt vor? Bei diesen Überlegungen ist es sehr wichtig, nicht nur die Schwächen zu erfassen, sondern auch Stärken erkennbar zu machen. Die vorhandenen Potentiale müssen genutzt werden, um die notwendigen Verbesserungen konsequent zu realisieren.

♦ Was soll und muß verändert werden? Wichtig ist es, die hier festgehaltenen Ziele in Schritte zu unterteilen und mit einem zeitlichen Endtermin zu versehen.

♦ Wie sind diese Veränderungen zu erreichen? Welche Maßnahmen sind erforderlich? Welche Zuständigkeitsbereiche sind verantwortlich? Von welchen Personen werden diese zielorientierten Veränderungen überwacht und kontrolliert?

♦ Alle erarbeiteten Ziele werden detailliert festgehalten und den Verantwortlichen zugeordnet.

In einem solchen dynamischen Prozeß behält der Moderator seine Neutralität und Objektivität, hat aber die Aufgabe, die Gruppe bzw. das Team zu den gewünschten Zielen und der damit verbundenen Aufgabenteilung hinzuführen.

Medieneinsatz

In dem folgenden Beispiel aus der Praxis wird die Entwicklung eines Seminars und der Einsatz verschiedener Medien dargestellt.

Fakten

♦ Technische Serviceabteilung mit 350 Mitarbeitern, davon 60 Meister,

♦ 40 % der Meister sind junge Führungskräfte,

♦ Viele sind demotiviert, haben Existenzängste und zeigen Widerstände gegenüber Veränderungen,

♦ Das Zusammenspiel der Kräfte in der Prozeßkette Handwerker-Meister-Ingenieure-Produktion ist an vielen Stellen gestört.

Ziele

In mehreren Gesprächen zwischen allen Beteiligten wurden folgende Ziele festgelegt:

♦ Verbesserung der Kooperation zwischen den Ingenieuren, Meistern und der Produktion.

♦ Sensibler und mit mehr Offenheit aufeinander zugehen, um den Erfolg der gemeinsamen Arbeit zu sichern.

♦ Die individuellen Erfolge noch stärker auf die gemeinsamen Ziele ausrichten.

♦ Ständige Überprüfung und Verbesserung der gewohnten Abläufe und Strukturen in den Bereichen Personal, Organisation, Technik.

♦ Alle internen Partner als Kunden sehen und eine entsprechende Qualitätssteigerung entwickeln.

♦ Eine erarbeitete Vision sollte in alle Überlegungen mit einbezogen werden.

Um diese Kooperationsprobleme zu überwinden, wurde ein 2-Tage-Seminar entwickelt. Alle Führungskräfte haben an einem der eng beieinanderliegenden Seminarterminen teilgenommen. Zu den Seminaren wurden noch jeweils folgende Personen eingeladen:

Moderatoren

Ein externer Unternehmensberater, eine verantwortliche Person aus dem Weiterbildungsbereich, der Abteilungsleiter und sein Stellvertreter.

Referenten

Der zuständige Betriebsrat, und zwei Ingenieure

Teilnehmer

Je Seminar ca. 20 – 25 Personen

Für das Seminar wurde folgendes Programm entwickelt:

Seminarprogramm

1. Tag

Vormittags:

♦ 8 Uhr Eröffnung, Begrüßung, Ziel der Veranstaltung,

♦ Erwartungsabfrage mit Pinnkarten bei den Teilnehmern,

♦ Vorträge: Zeit ca. 15 – 20 Minuten plus ca. 10 Minuten für zu beantwortende Fragen. Themen:

   – Vision der Werkstätten, stellvertretende Abteilungsleiter

   – Perspektiven aus Sicht der Abteilung, Abteilungsleiter,

   – Perspektiven aus Betriebsratssicht, Betriebsrat.

♦ Kaffeepause (20 Minuten),

♦ Gruppenarbeiten,

♦ Präsentation der Gruppenarbeiten,

♦ 13 Uhr Mittagspause.

Nachmittags

♦ 14:30 Uhr Fortsetzung der Präsentation, Auswertung, Aufbereitung,

♦ Vorträge: Zeit ca. 15 – 20 Minuten plus ca. 10 Minuten für zu beantwortende Fragen. Themen:

   – Ziele und deren Bedeutung für das Unternehmen und den Einzelnen,

   – Bedeutung der Kommunikation, Umgang mit Kritik und Konflikten,

   – Beiträge von Ingenieuren und Meistern zur Prozeßkette.

♦ 18:30 Uhr Ende des ersten Seminartages,

♦ 19 Uhr Abendessen, danach geselliges Beisammensein im Hotel.

2. Tag

Vormittags

◆ 8 Uhr Beginn mit Rückblick auf den Vortag,

◆ Gruppenarbeiten,

◆ Kaffeepause (20 Minuten),

◆ Präsentation der Gruppenarbeiten,

◆ Fragen und offene Punkte wurden herausgefiltert und getrennt festgehalten,

◆ 12 Uhr Mittagspause,

◆ 13 Uhr Diskussionen der Ergebnisse mit der Abteilungsleitung,

◆ 15 Uhr Ende des Seminars.

In dem Seminar wurde mit folgenden Medien gearbeitet:

◆ Der Overheadprojektor wurde in der Eröffnungsphase und bei den einzelnen Referaten eingesetzt.

◆ Die Metaplan-Technik, d.h. die einzelnen Pinnwände waren mit detaillierten Fragen und Aufgaben vorbereitet.

◆ Auf dem Flip-Chart wurden während der Auswertung der Gruppenarbeiten alle offenen Fragen und die sich daraus ergebenden Ziele schriftlich festgehalten.

Fotoprotokoll

Fotoprotokolle sind dann sehr nützlich, wenn über die jeweiligen dynamischen Gruppenprozesse Problemlösungen erarbeitet wurden. Sie können in der Folgezeit Grundlagen für viele erfolgsorientierte Entscheidungen sein. Wenn Sie vorhaben, das Ergebnis der Gruppenarbeiten in einem Fotoprotokoll festzuhalten, sind folgende Kriterien zu berücksichtigen: Wählen Sie als Grundfarbe möglichst dicke schwarze Filzstifte. Lassen Sie die Pinnkarten schon während der Gruppenarbeiten mit einem Prittstift aufkleben. Am besten fotografieren lassen sich weiße, hellgelbe, beige und andere pastellfarbige Metaplankarten. Außerdem ist es wichtig, daß Sie die jeweiligen beklebten Metaplanblätter mit Nummern versehen.

Das Arbeiten mit Pinnwänden ist eine hervorragende Möglichkeit, Themen für Gruppenarbeiten vorzubereiten. In dem hier aufgeführten Beispiel ist das Seminarprogramm Blatt 1, die abgefragten Erwartungen Blatt 2, die erste Gruppenarbeit Blatt 3 usw.

■ **Eine gute Vorbereitung ist der halbe Erfolg.**

Abb.1

Die anwesenden Führungskräfte wurden in Dreier-Teams eingeteilt. Jede Gruppe hatte die Vorgabe, auf drei bis fünf Karten ihre Erwartungen in Stichworten festzuhalten, Zeitdauer ca. fünf Minuten. Die schriftlich fixierten Erwartungen wurden an eine Pinnwand geheftet und vergleichbare Aussagen zusammengeführt.

Abb. 2 und 3

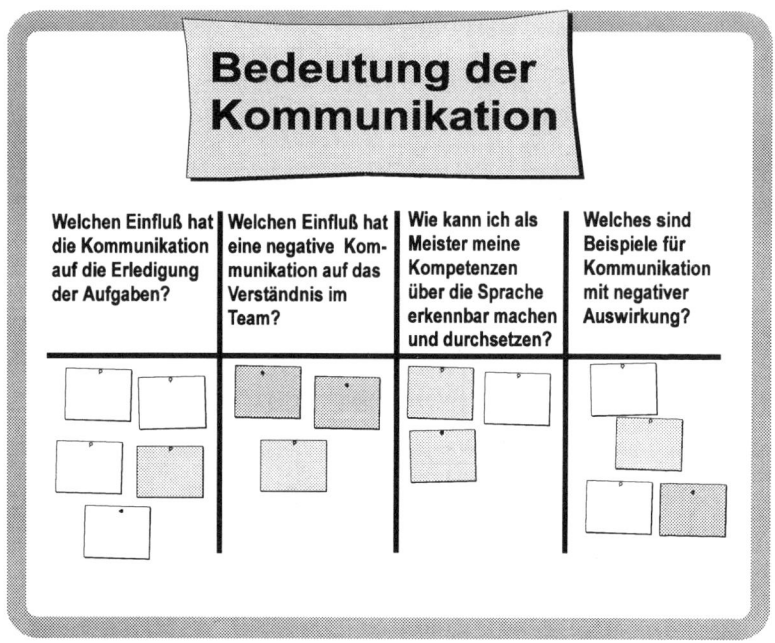

Abb.4

In dem hier aufgeführten praktischen Beispiel wurden die 20 – 25 Meister in fünf Gruppen aufgeteilt und dabei folgender Modus berücksichtigt: Im Uhrzeigersinn wurde, links beginnend, von eins bis fünf abgezählt und dieser Vorgang in fünf Schritten wiederholt. Jetzt bildeten alle Einser, alle Zweier, alle Dreier usw. jeweils eine Gruppe. Gruppe 1 übernahm das Thema: Welche Veränderungen haben sich ergeben? Gruppe 2 und 3 erhielten das Thema: „Bedeutung der Visionen." Gruppe 4 beschäftigte sich mit der „Bedeutung der Kommunikation" und Gruppe 5 mit der „Zusammenarbeit zwischen Ingenieuren und Meistern".

Die Gruppen hatten fünfundvierzig Minuten Zeit, die in den Spalten vorgegebenen Fragen zu beantworten. Anschließend hatte jede Gruppe die Möglichkeit, ihr Ergebnis in fünfzehn bis zwanzig Minuten zu präsentieren. Fragen und Ergänzungen während der Präsentation waren möglich.

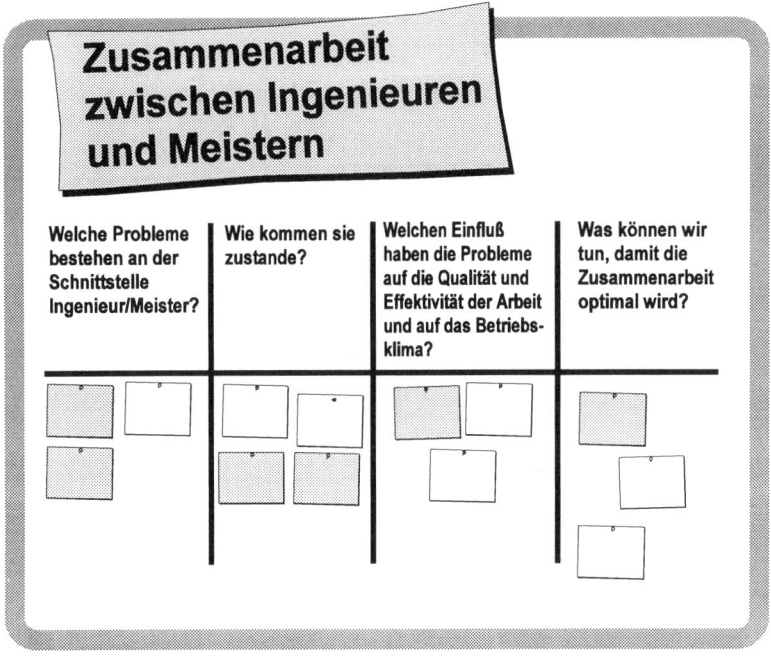

Abb. 5

Die Gruppenarbeit war hervorragend. Es war für alle Beteiligten positiv festzustellen, mit welcher Intensität Ideen, Vorschläge und Erfahrungen gesammelt und erfolgreich präsentiert wurden.

■ **Das Arbeiten mit Pinnwänden ist eine gute Technik, Teamarbeit zu fördern und Kreativität zu entwickeln.**

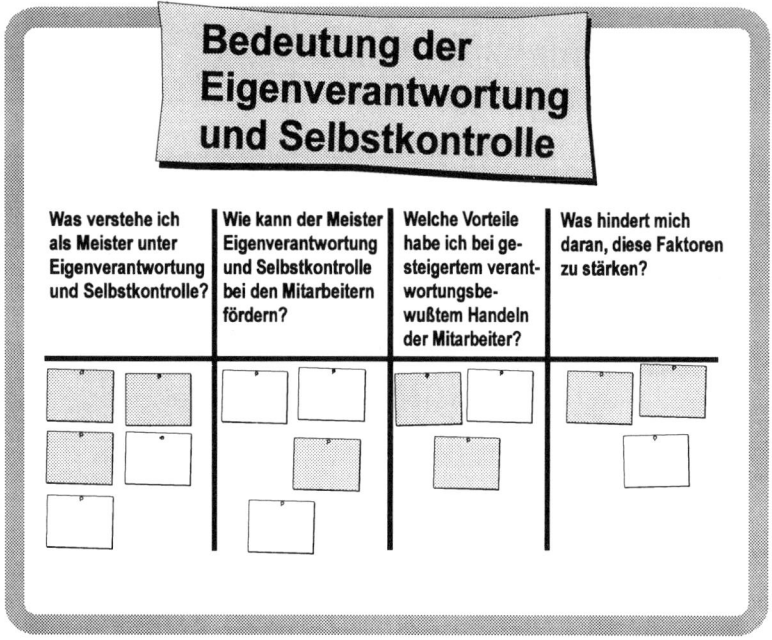

Abb. 6

Die Aussagen auf den Abbildungen 6, 7, 8, 9 und 10 wurden in einer zweiten Runde von fünf neu zusammengesetzten Gruppen diskutiert und erarbeitet.

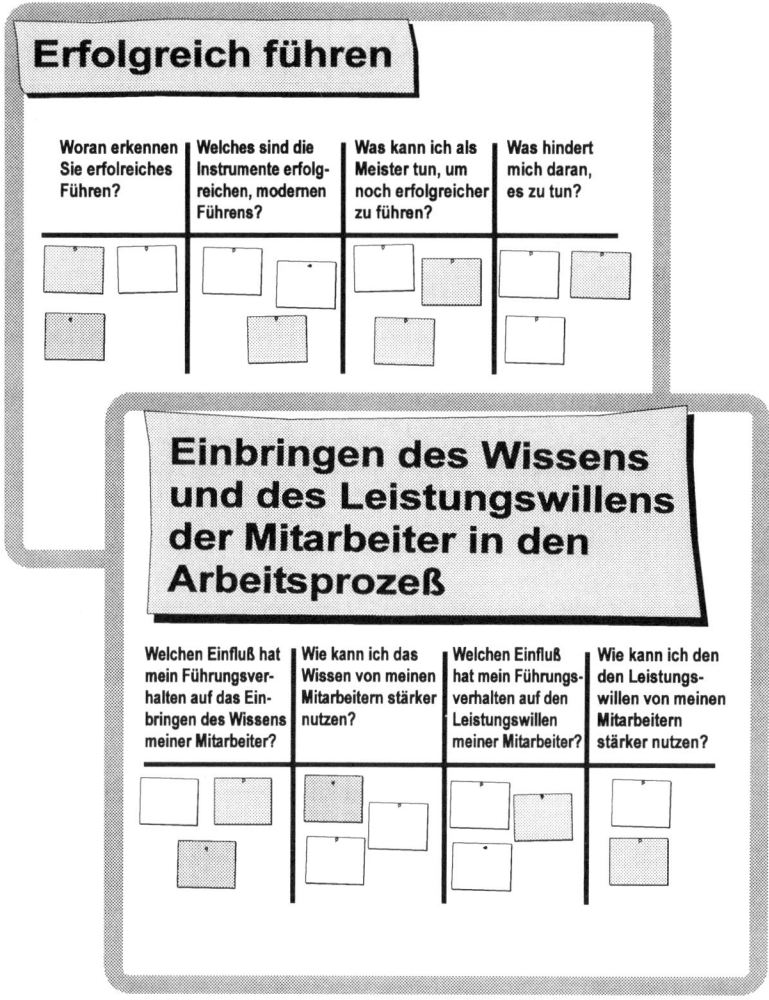

Abb. 7 und 8

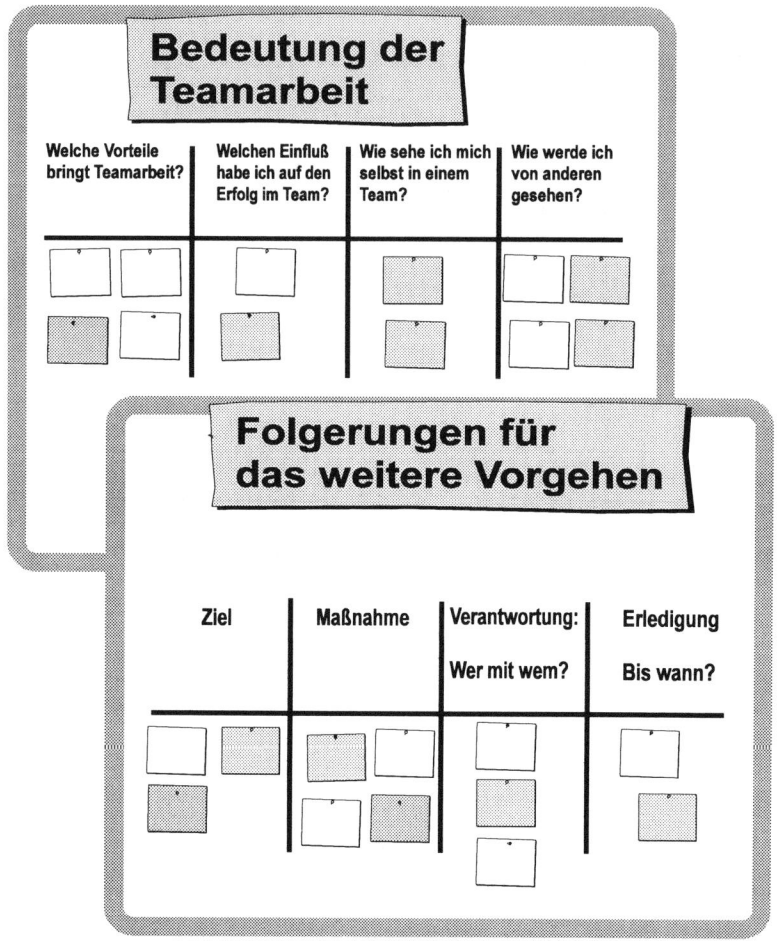

Abb. 9 und 10

Eine gut vorbereitete Moderation ist ein sicherer Weg zum Gelingen. Dabei ist zu beachten, daß das jeweilige Konzept schriftlich fixiert ist. Der Einsatz von Medien ist vielfältig. Weitere Details finden Sie unter dem Abschnitt „Visualisierungstechniken".

2. Präsentation

■ **Präsentieren ist die Fähigkeit, Informationen bildhaft aufzubereiten und sie attraktiv und verständlich darzustellen.**

Präsentationen sind Kommunikationsvorgänge

◆ Der Empfänger wird auf mindestens zwei Ebenen angesprochen. Zum gesprochenen Wort kommt das Bild.

◆ Auge und Ohr werden in gleicher Weise gefordert.

◆ Über die visuelle Wahrnehmung wird die Vorstellungskraft verstärkt.

◆ Alle anwesenden Personen erhalten die gleichen Botschaften.

◆ Trotz individueller Assoziationen wird das Zusammenführen unterschiedlicher Vorstellungen wesentlich erleichtert.

◆ Lernprozesse werden angeregt.

Die organisatorische Vorbereitung der Präsentation

Vor der Präsentation müssen folgende Punkte berücksichtigt werden:

Rahmenbedingungen:

◆ Wo findet die Präsentation statt? (Raumgröße, technische Mittel?)

◆ Wie viele Personen werden teilnehmen?

◆ Wie lange soll die Präsentation dauern?

◆ Wo finde ich Material für den Präsentationsstoff?

◆ Wer unterstützt mich bei der Vorbereitung bzw. Durchführung?

◆ Wieviel Zeit steht mir zur Verfügung?

◆ Welche finanziellen Mittel stehen mir zur Verfügung?

Fragen vorbereiten – richtig fragen

Da die Zuhörer häufig andere Meinungen und Vorstellungen haben als der Referent, ist Überzeugungsarbeit gefordert. In diesem Überzeugungsprozeß muß erreicht werden, daß sich die Teilnehmer mit den Inhalten der Präsentation identifizieren. Das geschieht durch eine ausreichende Beteiligung. Er sollte sich fragen:

◆ Wie rege ich zum Mitdenken oder Fragen an?

◆ Mit welchen Fragen kann ich Widerstände abbauen?

◆ Welche Fragen benutze ich für schrittweise Zustimmung?

◆ Wie erhalte ich Gewißheit, ob alles verstanden wurde?

◆ Was erwarten die Zuhörer noch?

◆ Mit welchen Fragen bereite ich Entscheidungen vor, und wie führe ich sie herbei?

◆ Wann frage ich einzelne oder die Gruppe?

Teilnehmerorientierung als Voraussetzung für die eigene Zielerreichung

Welche Informationen und Argumente muß ich unbedingt einbringen, um den Zuhörer zu erreichen?

Folgende Fragen müssen wir uns selbst stellen:

◆ Was versprechen sich die Teilnehmer von mir und meiner Präsentation?

◆ Welches Wissen und welche Erfahrungen bringen die Zuhörer mit?

◆ Welchen persönlichen Nutzen haben die Zuhörer durch die Information?

◆ Welche Beispiele/Vergleiche erleichtern es dem Zuhörer, meine Argumente anzunehmen?

◆ Mit welchen Mitteln bringe ich Abwechslung in meine Darstellung?

Wichtige Aussagen bei der Präsentation hervorheben

Folgende Möglichkeiten bieten sich an:

◆ Grafiken (Säulen, Kurven usw.) und Zeichnungen sind leichter verständlich und schneller erfaßbar als Texte

◆ Unterstreichen, einrahmen

◆ Für die wichtigen Punkte größere Schrift wählen

◆ Farben einsetzen

Wer immer eine Präsentation durchführt, sollte sich bewußt sein, daß er nicht nur sein Produkt, sondern auch sich selbst darstellt. Das verlangt die Grundeinstellung, das Beste muß für meine Darstellung gerade gut genug sein. Dabei sind bestimmte Techniken und Kriterien zu berücksichtigen.

Je nach Thema können Sie die Aufbereitung Ihres Stoffes mit Hilfe der aufgeführten Punkte für Fachvorträge gliedern und gestalten. In den häufigsten Fällen bietet sich die „10-Punkte-Rede" an (siehe Seite 70).

Ein wesentlicher Punkt bei der Präsentation ist die Vorgehensweise:

■ Informationen häppchenweise servieren

Gleichgültig was und mit welchen Medien Sie präsentieren, entscheiden Sie sich für eine lebhafte Darstellung der von Ihnen vermittelten Botschaften. Der Einsatz von Grafiken ist so zu wählen, daß Ihre Informationen gut verständlich sind. Achten Sie darauf, daß Ihre bildhaften Beiträge abwechslungsreich konzipiert sind. Nur dann, wenn Werte im Vergleich vermittelt werden, sind identische Bilder sinnvoll. Je unterschiedlicher Ihre Grafiken aufgebaut sind, desto interessanter wird Ihr Vortrag. Wenn Sie eine Präsentation vorbereiten, informieren Sie sich umfassend, z. B. bei Computerexperten und gestalten Sie dann Ihre Folien dementsprechend lebendig.

Nachstehend finden Sie einige Beispiele von Computerausdrucken, die Sie anregen möchten, bestimmte Botschaften über entsprechende Grafiken darzustellen.

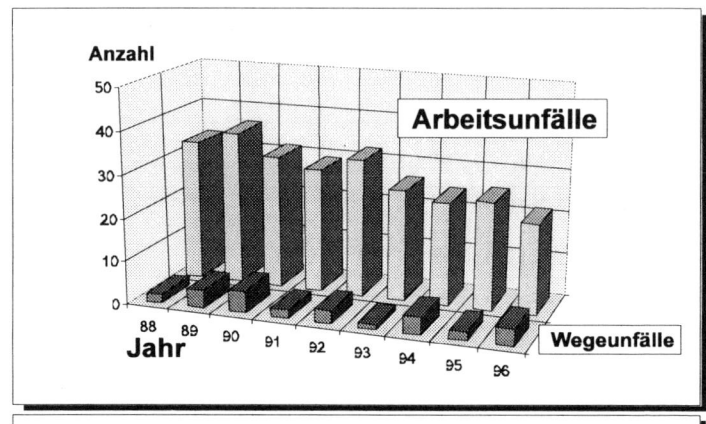

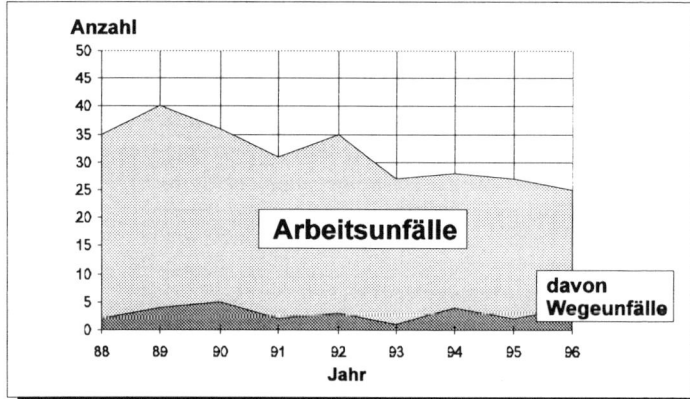

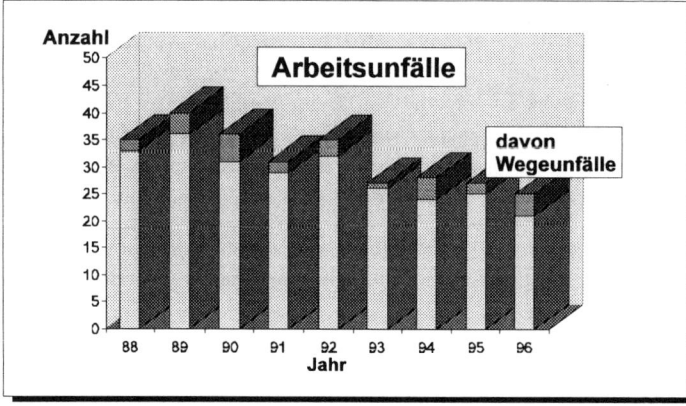

Abb. 11, 12, 13

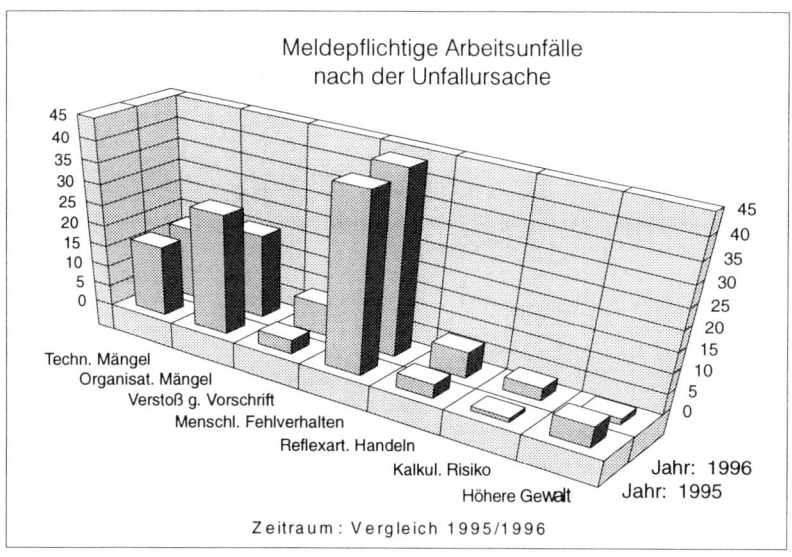

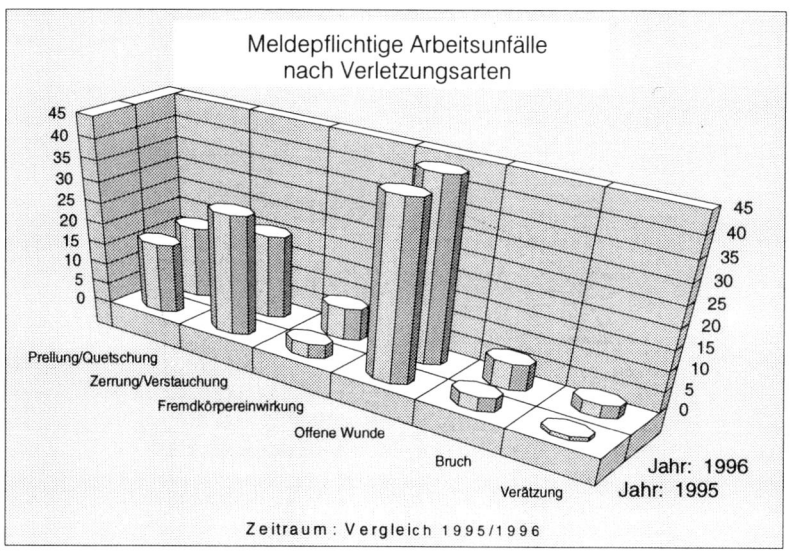

Abb. 14 und 15

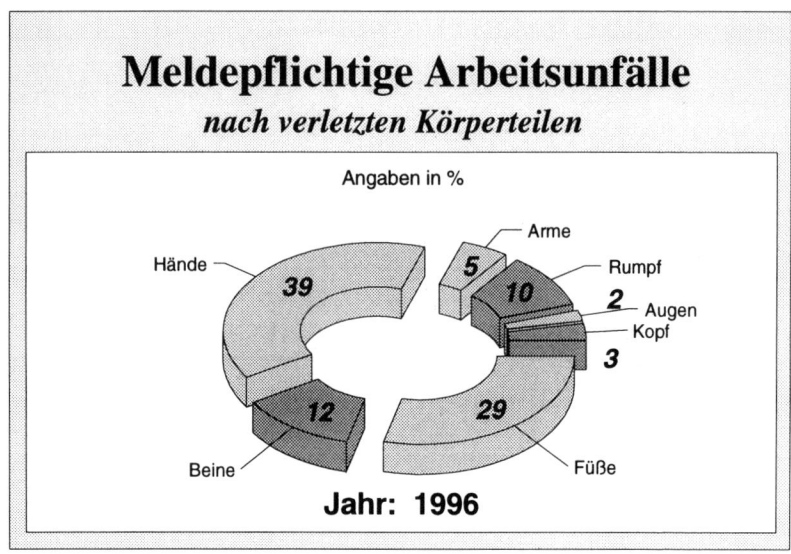

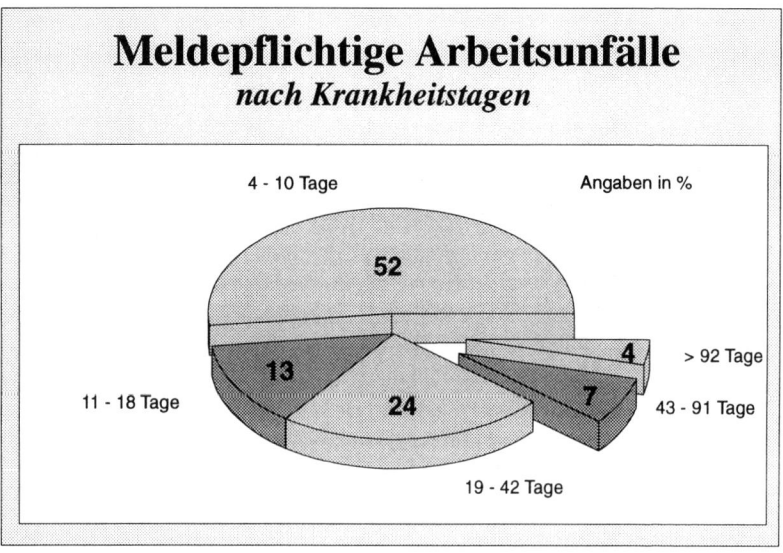

Abb. 16 und 17

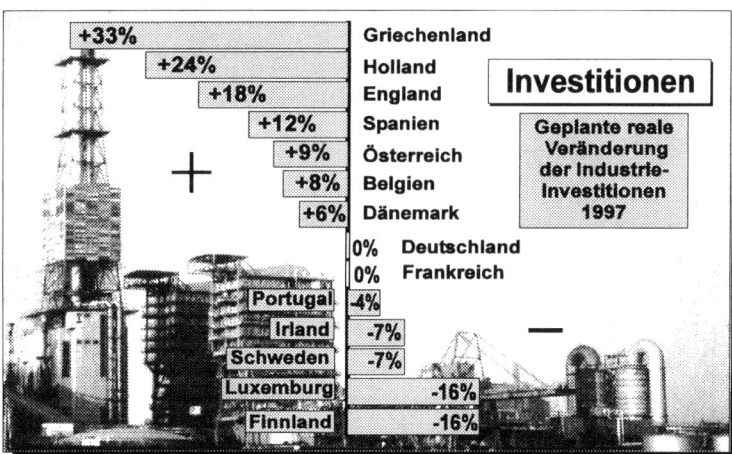

Abb. 18 und 19

3. Visualisierungstechnik

■ **Sehen ist eine Wahrnehmung die anregt, Interesse entwickelt, bild-
hafte Vorstellungen auslöst, das Verstehen verbessert und das Gedächtnis stützt.**

Achten Sie als Moderator darauf, daß das notwendige Handwerkszeug
komplett und in einer brauchbaren Qualität vorliegt. Eingetrocknete Stifte,
das Fehlen von farbigen Klebepunkten oder einer Schere kann den harmoni-
schen Ablauf erheblich stören.

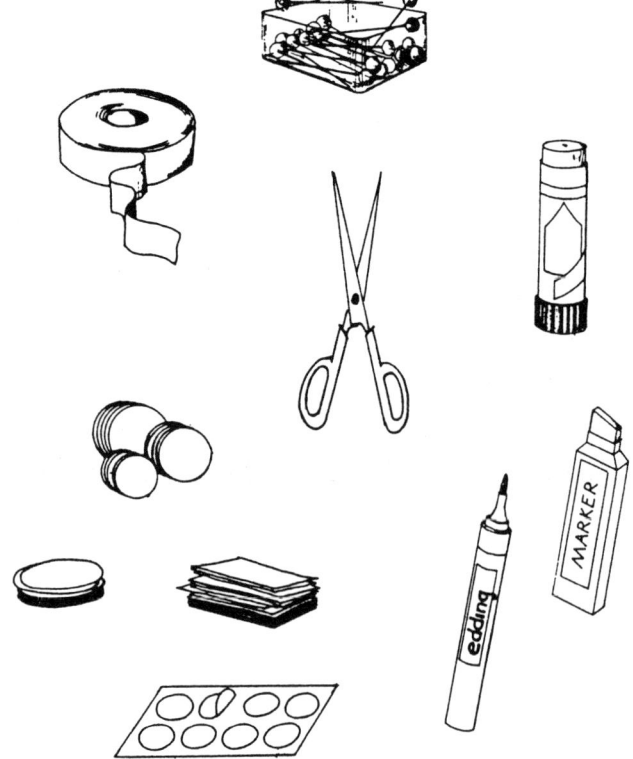

Abb. 20 Arbeitsmaterialien

Overheadprojektor

Das am häufigsten eingesetzte Medium ist der Overheadprojektor. Folgende Kriterien sind zu berücksichtigen:

♦ Vor der Präsentation die technischen Funktionen prüfen: Ist eine Ersatzlampe vorhanden? Stimmt die Einstellung der Schärfe?

♦ Sind die zu verwendenden Stifte in Ordnung?

♦ Raumverhältnisse und Sitzordnung prüfen. Dabei ist zu berücksichtigen, daß beim Arbeiten mit dem Overheadprojektor die Sicht zum Bild für alle Anwesenden gewährleistet ist.

♦ Folie auflegen, dann erst Licht einschalten.

♦ Overheadprojektor ausschalten, wenn er nicht benötigt wird.

♦ Werden Folien aufgelegt, die mehrere Detailinformationen enthalten und die vom Redner abgedeckt werden, so ist es wichtig, daß alle Anwesenden zunächst die gesamte Folie sehen. So kann jeder erkennen, wann der Beitrag zu Ende sein wird.

♦ Wird die Folie nicht abgedeckt, sollten die einzelnen Punkte abgehakt werden. Ein Zeigestock an der Leinwand oder ein Stift auf die Folie gelegt, dient als Lesehilfe.

♦ Achtung: Bild nicht durch den Körper verdecken.

♦ Nicht zur Leinwand sprechen.

Folien

Folien bieten für eine Präsentation fast unbegrenzte Möglichkeiten der Darstellung. Sie werden über Computer entwickelt und können je nach Wunsch mehrfarbig ausgedruckt werden. Folien sollen wichtige Informationen verdeutlichen, verstärken und vor allem bildlich einprägsam darstellen. Texte können durch Grafiken und Zeichnungen verdeutlicht und so auch visuell aufgenommen werden.

Erstellung von Folien

◆ Folienaussagen müssen so groß gestaltet sein, daß jeder Zuhörer die Inhalte gut erkennen kann.

◆ Maximal 4 kräftige Farben verwenden.

◆ Klare Botschaften statt Überladung.

◆ Folien sollen individuell wirken.

◆ Handschriftlich vor allem dann ergänzen, wenn das Vertrauen eine große Rolle spielt oder interessante Entdeckungen und Ergänzungen eingebracht werden.

Bedenken Sie immer, die eingesetzten Folien ersetzen nicht den Fachvortrag. Sie sollen eine Hilfe sein und verbale Informationen optisch unterstützen. Gleichzeitig dienen sie als roter Faden für den Vortragenden und bieten darüber hinaus den Interessierten die Möglichkeit, die gehörten Informationen über die visuelle Wahrnehmung besser zu verarbeiten. Eine gute Möglichkeit, zielgerichtete Informationen übersichtlich darzustellen, bietet die Portfolio-Technik.

Portfolio-Technik

Die Möglichkeit, über die Portfolio-Technik betriebswirtschaftliche Größen optimal darzustellen, wird in der Industrie, im Handel und bei Banken, mehr und mehr genutzt. Aus Abb. 21 können Sie das Schema dieser Technik erkennen.

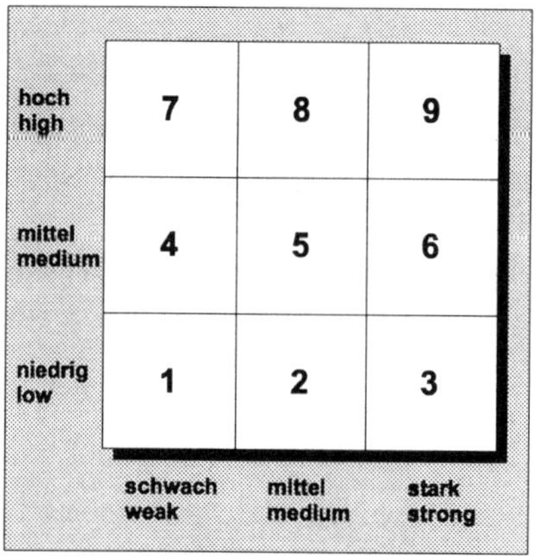

hoch high	7	8	9
mittel medium	4	5	6
niedrig low	1	2	3
	schwach weak	mittel medium	stark strong

Abb. 21

Die Abbildung 21 zeigt, daß Feld 1 die niedrigsten Werte und Feld 9 die höchsten Werte widerspiegelt. Aus den Feldern 2 bis 8 lassen sich dementsprechend die unterschiedlichen Angaben entnehmen.

Nachstehend ein weiteres Beispiel:

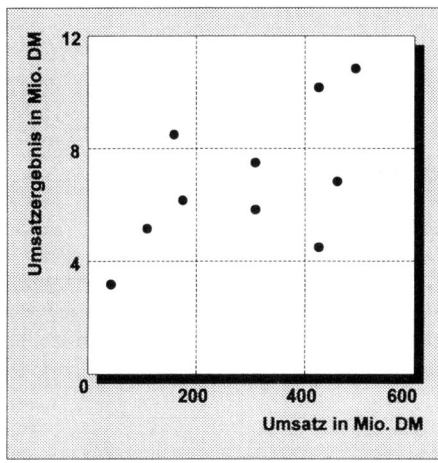

Abb. 22

Die Skala links senkrecht gibt die Umsatzergebnisse an, die Skala unten waagerecht spiegelt den Umsatz in DM. Auch hier ist über die graphische Aufteilung der Felder 1 bis 9 die unterschiedliche Entwicklung des Umsatzes verschiedener Produkte in Verbindung mit dem Ergebnis zu erkennen. In diesem Fall ist noch eine weitere Variante möglich.

Sie können das Umsatzergebnis in Form von unterschiedlich großen Kreisen darstellen. Über den Kreisdurchmesser haben Sie die Möglichkeit, DM Umsatz mit DM Umsatzergebnis zu visualisieren. Dabei ist zu beachten, daß den Kreisdurchmessern vergleichbaren Kriterien zugrunde liegen.

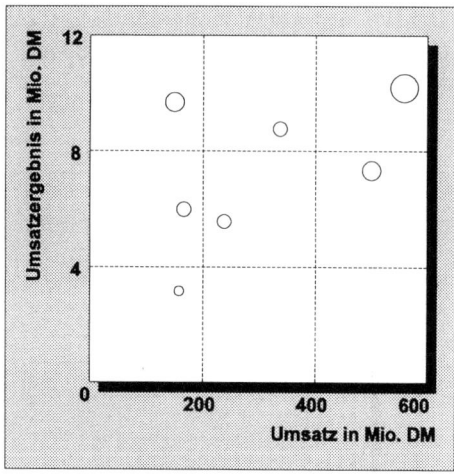

Abb. 23

Abbildung 23 zeigt einen relativ großen Kreis in Feld 9 auf der Achse von DM 10,5 Millionen Umsatzergebnis bei einem Umsatzvolumen von DM 550 Millionen.

Mit Hilfe von Portfolio können Sie viele aussagekräftige Entwicklungen und Tendenzen präsentieren. Ein weiteres Beispiel: Die unterschiedlichen Verkaufsanteile auf dem internationalen Markt. Wer viele Präsentationen durchführt, für den ist Portfolio-Management eine hervorragende Möglichkeit, Ist-Zustände visuell darzustellen.

■ **Folien dürfen grundsätzlich nicht mit Informationen überfüllt sein.**

Grafiken verlangen Kreativität in der Darstellung und die Fähigkeit, den Platz auf einer Folie gut zu nutzen. Hier ist nicht die Menge der Informationen, sondern die Intensität, bzw. die gestalterische Aufbereitung der Informationen gemeint.

Die wichtigsten Farben

♦ **Schwarz** für alle Allgemeininformationen,

♦ **grün** für Themen aus dem Umwelt- und Arbeitssicherheitsbereich,

♦ **blau** zum Beispiel für noch in der Entwicklung befindliche Projekte,

♦ **rot** als auffälligste Farbe für die wichtigsten Argumente.

Diese Farbzuordnungen können der Rednerin bzw. dem Redner zusätzliche Impulse zur Entwicklung von Informationen geben.

Wenn Sie mit Folien arbeiten, sollten Sie noch Folgendes berücksichtigen:

■ **Jede Folie verdient eine Redezeit von drei bis fünf Minuten.**

Das heißt, bei einem 30minütigen Vortrag benötigen Sie 6 – 10 Folien. Als Redner sind Sie natürlich nicht ausschließlich an diese Regel gebunden, d. h., Sie können auch durchaus bei einem 30minütigen Vortrag nur 2-3 Folien einsetzen, auf keinen Fall jedoch mehr als zehn.

Flip-Chart

Der Flip-Chart ist oft eine Ergänzung zu den Folien, kann aber durchaus als Einzelmedium sinnvoll und erfolgreich eingesetzt werden. Das in Blöcken von DIN A1 auf einem Dreifuß befestigte Papier ist vielseitig einsetzbar. Wenn Sie mit diesem Medium arbeiten, sollten Sie neben dem Flip-Chart stehen, nicht während des Schreibens sprechen und immer nur zeilenweise die Information aufschreiben. Nach jeder Zeile mit Blick zum Zuhörerkreis die Information interpretieren. Auch hier können Sie verschiedene Farben einsetzen.

■ **Achtung! Nicht zu klein schreiben.**

Das Arbeiten mit Flip-Chart bietet sich zum Sammeln von Ideen, Gedanken, Zielen usw. an. Dabei sind folgende Kriterien zu beachten:

♦ Beim Sprechen neben dem Flip-Chart stehen und den Blick dem Zuhörerkreis zuwenden,

♦ wichtige Charts (Arbeitsblätter) abnehmen und an die Wand hängen,

♦ mehrere Farben einsetzen,

♦ groß und leserlich schreiben.

Beispiele aus der Praxis

Abb.24

Auf der Abbildung 24 zeigt einen Flip-Chart mit der Ergebnisabfrage eines 2-Tage-Seminars.

Die folgenden sechs graphischen Darstellungen sind Charts mit Themeninhalten, die während des Seminars entwickelt wurden. Diese können mit Magnetsteinen festgehalten, an Wänden angeklebt oder mit Nadeln festgesteckt werden.

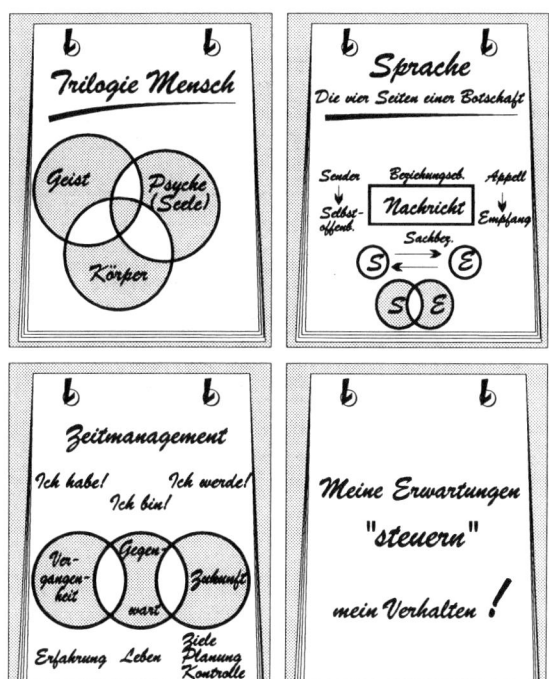

Abb. 25

Charts bieten die Möglichkeit, auf bestimmte Informationen zurückzugrei-
fen. Außerdem sind sie Ausdruck geleisteter, geistiger Arbeit und entwickeln in einem Raum eine positive Atmosphäre.

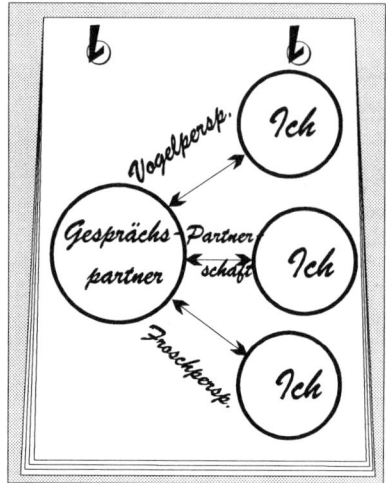 

Abb. 26

Weißwandtafel

Dieses Medium bietet sich besonders für Besprechungszimmer und Konferenzräume an. Der Vorteil ist die saubere Handhabung mit Filzstiften und Magnetsteinen.

Computergesteuerte Technologien

Auf dem Markt gibt es moderne Technologien, die Präsentationen in Vollendung ermöglichen. Beispiel:

♦ Multimedia-Projektor

Dieses Medium verfügt über ein leistungsfähiges Audiosystem und ist bedienerfreundlich.

Unterlagen

Unterlagen ermöglichen dem Teilnehmer das Nachschlagen, Nacharbeiten und Überprüfen des Gesagten.

♦ Unterlagen müssen auf dem neuesten Stand sein.

♦ Unterlagen können vor oder nach der Präsentation verteilt werden.
Vorteilhaft ist es, dem Zuhörer die schriftliche Information vor Beginn
des Vortrags zur Verfügung zu stellen. Er hat damit die Möglichkeit, für
ihn wichtige Botschaften zusätzlich festzuhalten. Eventueller Nachteil:
Er blättert in den Unterlagen und hört nicht zu.

♦ Check-Listen, über die jeder Teilnehmer nochmal seinen Wissensstand
prüfen kann, haben sich als eine sehr sinnvolle Methode erwiesen. Das
Beantworten der Fragen kann über Einzelarbeit, oder auch in kleinen
Gruppen erfolgen.

Wichtige Fragen zur weiteren Reflexion:

❏ Welche Vorteile erreichen Sie mit der Visualisierung von Botschaften?

❏ Was sollten Sie bei Visualisierungen berücksichtigen?

❏ Nennen Sie fünf Medien, die Sie als Techniken zur Visualisierung einsetzen können.

❏ Wie gehen Sie mit Folien um?

❏ Wie viele Folien brauchen Sie für einen 30-Minuten-Vortrag?

Der Autor

Volkmar Stangier, Jahrgang 1938, ist Unternehmensberater für Industrie, Handel und Politik im Bereich Personalentwicklung und -förderung sowie Trainer für Kommunikation und Management.  Seit vielen Jahren arbeitet er unter anderem mit folgenden Unternehmen zusammen: BASF AG, Hessischer Rundfunk, Behring-Werke, Management-Team Heidelberg, Hornbach Bau- und Gartenmärkte. Bevor er sich 1986 selbständig machte, war er 16 Jahre im Verkauf tätig, drei Jahre im Marketing, zwei Jahre im Controlling und zwei Jahre im Personalwesen. Sein Buch „Evolutionär führen" ist 1996 ebenfalls bei Gabler erschienen.